北交所上市全程解读

杜明堂　编著

中国宇航出版社
·北京·

图书在版编目（CIP）数据

北交所上市全程解读 / 杜明堂编著. -- 北京：中国宇航出版社，2023.7（2024.5重印）

ISBN 978-7-5159-2255-3

Ⅰ. ①北…　Ⅱ. ①杜…　Ⅲ. 证券交易所－概况－北京　Ⅳ. ①F832.51

中国国家版本馆CIP数据核字(2023)第118618号

策划编辑　田芳卿　　**封面设计**　图美之家

责任编辑　吴媛媛　　**责任校对**　卢　珊

出　版
发　行　中国宇航出版社

社　址　北京市阜成路8号　　**邮　编**　100830

（010）68768548

网　址　www.caphbook.com

经　销　新华书店

发行部　（010）68767386　　（010）68371900

（010）68767382　　（010）88100613（传真）

零售店　读者服务部

（010）68371105

承　印　北京天恒嘉业印刷有限公司

版　次　2023年7月第1版　　2024年5月第2次印刷

规　格　710×1000　　**开　本**　1/16

印　张　14.25　　**字　数**　207千字

书　号　ISBN 978-7-5159-2255-3

定　价　98.00元

前言

PREFACE

2021 年 9 月 2 日晚，国家主席习近平在 2021 年中国国际服务贸易交易会全球服务贸易峰会上发表视频致辞。习近平强调，继续支持中小企业创新发展，深化新三板改革，设立北京证券交易所，打造服务创新型中小企业主阵地。

北交所的设立是我国资本市场增量改革的举措，旨在补齐资本市场服务“创新型中小企业”的短板。众所周知，中小企业在我国经济中起着举足轻重的作用，是我国重要的经济主体，而北交所“服务创新型中小企业”的定位，可谓是资本市场助力中小企业创新发展的重要举措。

另外，北交所是资本市场改革的“试验田”。我国从 2018 年开始，就在不断尝试着进行注册制改革，最初是在科创板进行试点，取得了一定成效后，再推行且深入至创业板。注册制的实施，意味着我国资本市场将进入全新的历史性阶段。在这一背景下诞生的北交所，也成了注册制全板块实施的重要一环。北交所注册制的实施是中国资本市场改革征途中具有里程碑意义的重要举措，必将在我国资本市场改革史中留下浓墨重彩的一笔。

设立北交所并实施注册制的配套制度当中，无论是上市门槛、审核要求，还是发行规定、配售机制，在多个环节都作出了突破性的创新，各方面都与 A 股现行的相关制度有较大的差别。因此，无论是北交所的参与者还是围观者，都十分有必要对北交所进行一个全面且深入的了解。

立足于此，本书对已经出台的多份相关规则与文件进行了全方位解读，站在社会公众的角度，帮助大家加深对北交所的认知和理解。本书将全面讲述北交所的相关知识，在整体编撰上具备以下三大特色。

1. 内容全面，分析到位

本书根据北交所已经发布的相关规则内容进行系统讲解，层层递进，分析全面。除此之外，本书还加入了部分分析见解，对北交所中一些尚存不足的相关规则提出建议。重点讲解被市场关注的热门要素，内容详略得当，更具实用性。

2. 采用大量图表、案例，更容易理解

本书通过大量的事例样本、图表分析，让读者全面了解在北交所开户、申购等各方面的规则。为了使本书更具实用性、易理解性，还通过大量的图表来展示逻辑关系。对于抽象性的专业术语、行业名词等，本书进行了相应解说。

3. 实用性强，对企业有借鉴意义

本书还对最先获得受理的部分企业进行分析与点评，让读者能够更深入地了解北交所的定位，为接下来打算在北交所上市的企业提供参考。

本书希望通过通俗易懂的语言，为读者解答具有代表性、普遍性的问题，以便于读者能够在较短的时间内迅速对北交所有一个较为全面的认知。

本书适合相关从业人员及对北交所感兴趣的人士阅读参考，帮助相关从业人员做好中小企业上市工作，同时，也让更多投资者能够分享中小企业的成长红利。

目录

CONTENTS

第一章　北交所的定位与特色

北交所一经推出便引起热议，然而还有很多企业和投资者对北交所的发展处于观望状态。想要对北交所的定位与特色进行一个全面的认知，需要将其关键信息筛选出来，并且组合在一起。接下来，我们便对目前北交所呈现的关键信息进行梳理，以此来证明北交所能够起到撬动未来新财富的效应。

一、我国资本市场格局

受发展阶段、规模大小等因素的影响，企业和投资者对资本市场的服务需求也有所不同。我国的资本市场格局应该是一个多层次的市场经济体系。为了满足需求多样化，在北交所成立之前，我国多层次资本市场体系由以下内容组成，如图 1–1 所示。

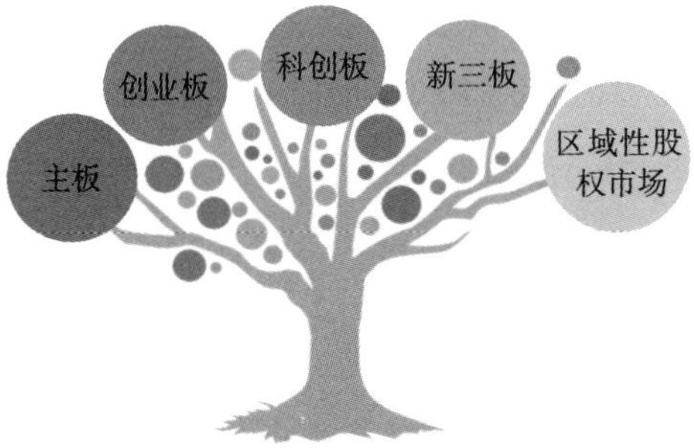

图 1–1　北交所成立前我国多层次资本市场体系组成

1. 主板

主板市场也称为“一板市场”，一般人们提到的证券市场指的就是主板，具备证券发行、上市及交易等功能，主要有深圳证券交易所和上海证券交易所，二者分别于1990年12月1日和1990年12月19日开始营业。

主板市场还有一个别称——国民经济晴雨表，这是因为能在主板上市的企业，一般已经进入了成熟阶段，综合实力强大，盈利能力稳定，资金实力雄厚，能在很大程度上体现出我国的经济发展情况。主板市场对于上市企业各方面的要求标准都很高，也是我国资本市场的核心组成部分。

2. 创业板

创业板又称“二板市场”，即第二股票交易市场，正式启动于2009年10月23日。如上所述，能在主板上市的企业，一般已经进入了成熟阶段，对于上市企业各方面的要求标准都很高，使得许多企业止步于此。而创业板的设立，就是为了给尚未达到主板上市要求，但又具备成长空间的企业提供新的融资渠道，是对主板市场的重要补充。

3. 科创板

2018年11月5日，首届中国国际进口博览会在国家会展中心（上海）开幕。国家主席习近平在开幕式上发表主旨演讲时宣布：将在上海证券交易所开设科创板并实行注册制，支持上海国际金融中心和科技创新中心建设，不断完善资本市场基础制度。

科创板是独立于现有主板市场而存在的新板块，同时在这一新设板块中实行注册制。科创板的设立以及实行注册制，是资本市场的一次重大改革，对于科技创新企业而言，无疑是获得了新的发展路径。与此同时，科创板的推出还有利于增强市场包容性，让市场的主导作用得到强化。

科创板的推出还伴随着新的制度，在发行、交易、退市等制度上，都进行了更为完善的规定，同时还引入中长期资金等配套措施，力争实现投融资平衡局面，促进现有市场的发展。

4. 新三板

新三板全称是全国中小企业股份转让系统，是重点服务于中小微型企业的全国性的非上市股份有限公司股权交易平台，2013 年 1 月 16 日正式揭牌运营，也是我国第一家公司制运营的证券交易所，与主板错位发展。

5. 区域性股权市场

区域性股权市场又称“四板市场”，具备为企业提供股权转让、债券转让以及融资服务的功能，能够有效促进中小微型企业股权交易和融资。区域性股权市场包括上海股交中心、齐鲁股交中心以及深圳前海股交中心等，可见其服务区域是所在省级行政区域内，同时也是私募股权的重要场所。上海股交中心在 2015 年开设了科创板（与 2018 年上交所创立的科创板不一样），挂牌上市企业有 200 家。

2017 年，国务院办公厅印发《关于规范发展区域性股权市场的通知》（国办发〔2017〕11 号），其中明确了各地股权托管交易中心功能，但是如何建立主板市场与区域市场的联系，仍然是需要解决的难题。

多层次资本市场体系能够让各种类型、各种规模的企业都有权享受与上市一般的融资、品牌知名度、股权流动等红利。然而，在北交所推出之前，我国的资本市场体系对于创新型中小企业提供的发展环境始终受限。

在上述背景下，北交所成立，成为我国多层次资本市场建设的重要组成部分。北交所的提出，其中很重要的一个意义是对多层次资本市场进行创新带动，尤其是在现行的证券法制体系基础上实现突破，为“创新型中小企业”提供更便利的融资服务，让我国多层次资本市场体系能够获得进一步发展。

毋庸置疑，以当前情况来看，我国多层次资本市场体系仍然处于一个不够成熟的状态，尤其是现行的证券法制体系存在缺陷，限制了我国许多创新型中小企业进行 IPO 上市，导致这些企业不得不通过境外上市的方式来发行股票获得融资。

而北交所的设立进行了一系列制度层面的改革，让未盈利但是具备发展前景的高科技企业也可以满足上市条件，进而在境内资本市场发行股票并且上市交易。北交所的推出，无疑将我国目前的资本市场结构体系所存在的一些缺陷进行了弥补。

从整体上来看，我国多层次资本市场中各个板块存在层层递进的关系。区域性股权市场向新三板市场递进，新三板市场向创业板递进，而创业板与主板形成了有效互补的关系。

具体来看，《区域性股权市场监督管理试行办法》明确指出：区域性股权市场可以与证券期货交易所、全国中小企业股份转让系统、机构间私募产品报价与服务系统、证券期货经营机构、证券期货服务机构、证券期货行业自律组织，建立合作机制。符合中国证监会规定条件的运营机构，可以开展全国中小企业股份转让系统的推荐业务试点。

另外，《北京证券交易所股票上市规则（试行）》也表示：在新三板连续挂牌满 12 个月的创新层挂牌公司，符合预计市值、财务标准等条件，经中国证监会注册，完成向不特定合格投资者公开发行后，公众股东持股比例等达到相应要求的，可以在北京证券交易所上市。

而中国证监会于 2021 年 10 月 30 日发布的《关于北京证券交易所上市公司转板的指导意见》（征求意见稿）指出：允许符合条件的北交所上市公司自主作出转板决定，自主选择转入的交易所及板块，但试点期间，符合条件的北交所上市公司只能申请转板至上交所科创板或深交所创业板。

二、我国股转系统的发展

全国中小企业股份转让系统是重点服务于中小微型企业的全国性的非上市股份有限公司股权交易平台，于 2013 年建立，但在建立之前以“中关村试点”的名义存在并探索了十多年，目前已经成为我国多层次资本市场结构重要的一环。

股转系统的建立是先从局部开始的，最后逐步发展壮大到全国范围。20

世纪 90 年代，多家场外股票交易场所分布在我国各地，但监管问题也随之而来，这将会间接导致金融风险的产生，于是后来进行了一场金融治理整顿，这些场外股票交易场所也在此次整顿中全部关闭，随之而来的是全国证券交易自助报价系统（securities trading automated quotations system，STAQ 系统）和全国电子交易系统（national electronic trading system，NET 系统）两大系统的关闭。为了解决这两个系统挂牌公司的股票转让问题，2001 年，经国务院批准，证券公司代办股份转让系统（简称“代办系统”）成立，后来还建立起退市制度，为沪深交易所的退市公司提供股票交易服务，这一功能沿用至今。

紧接着，中关村非上市企业融资问题引起了相关部门的注意，尤其是如何通过代办系统来解决这个问题。2005 年 8 月，国务院视察过后，认为针对上述问题可以开启“局部试点”。次年 1 月，代办系统首次出现非上市企业的挂牌交易，意味着“中关村试点”正式启动。在接下来的几年时间里，“中关村试点”持续优化完善制度，但试点目标从一至终——为非上市企业提供资本市场服务。

2012 年 3 月，国务院作出指示，要求将“中关村试点”加速布局全国；7 月，“中关村试点”延伸到上海、武汉、天津三个城市。次年 1 月，股转系统正式揭牌并开展工作。这个时候，“中关村试点”也完成了使命，股转系统将沿袭其使命，对市场进行管理与运作。

2013 年 12 月，国务院发布《关于全国中小企业股份转让系统有关问题的决定》，明确“全国股份转让系统是经国务院批准，依据证券法设立的全国性证券交易场所，主要为创新型、创业型、成长型中小微企业发展服务”的属性，股转系统也在这一刻开始了新的篇章。文件中还明确了挂牌企业“非上市公众公司”的属性，股东数量可以达到 200 人以上，这些属性的确定也为股转系统后续逐步改革奠定了基础，部分措施如表 1–1 所示。

表 1–1 股转系统在定向发行、并购、交易等方面进行的改革探索

年份	措　　施
2014 年	上线做市系统，引入做市交易制度
2015 年	推出优先股
2016 年	正式实施市场分层管理，将挂牌公司分为基础层和创新层
2017 年	引入双创债和双创可转债融资 差异化创新层的准入和维持标准 配套差异化交易制度和差异化信息披露制度
2018 年	对股转系统并购重组制度进行优化 完善重大资产重组认定标准 优化重大资产重组停复牌制度 调整审查流程安排 明确重大资产重组中发行股票购买资产发行人数不再受 35 人限制 引入集合竞价交易方式 对创新层、基础层实施差异化的撮合频次 优化做市转让收盘价形成机制

股转系统的成立，让未上市的中小企业有了发展的机会，挂牌量迅速增长。然而发展到 2017 年，挂牌量大幅下降，具体表现如图 1–2 所示。

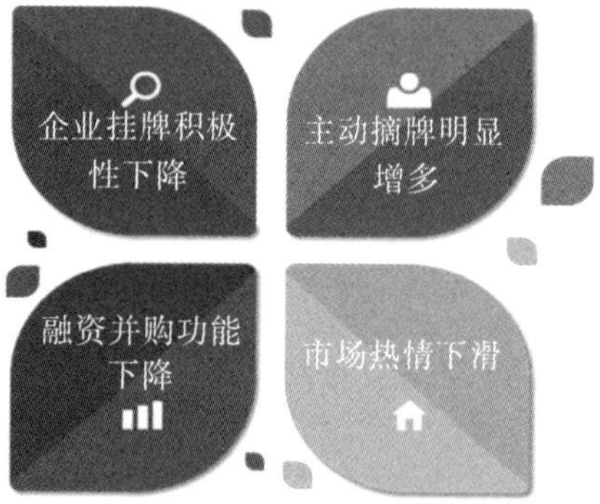

图 1–2 股转系统发展期间遇到的问题表现

尤其是市场流动性问题，存在众多异议，甚至被归结为挂牌量大幅度下降的主要原因。针对于此，股转系统在 2018 年对交易制度进行改革，如引入集合竞价、优化协议转让、巩固做市转让等，希望能因此改善市场流动性不

足的问题。然而根据数据统计，改革后的市场表现似乎更不如人意，如表 1–2 所示。

表 1–2 股转系统改革前后的市场表现

数 据	改革前	改革后	降幅
日均成交金额	8.8 亿元	4 亿元	54.5%
日均成交笔数	9145 笔	7154 笔	21.8%
日均参与交易投资者数量	5452 户	3943 户	27.7%
投资者日均申报数量	6.13 亿股	3.9 亿股	36.4%

针对上述现象产生的原因，笔者认为，流动性不足的问题并不是进行交易制度改革就可以解决的问题，市场流动性在很大程度上会受到挂牌企业股权结构与投资者结构的影响，而且当前的监管体系与股转系统的属性不符。也就是说，对制度进行全面改革才有可能改变当时的困局。

针对于此，清华大学国家金融研究院曾提出可通过建立“精选层”的方式，即筛选出优质的中小企业，并对其进行全面改革，以精带学，推动整个股转系统的改革。

2019 年 10 月，证监会发言人宣布启动全面深化全国中小企业股份转让系统改革，与此同时提出相对应的措施，如图 1–3 所示。

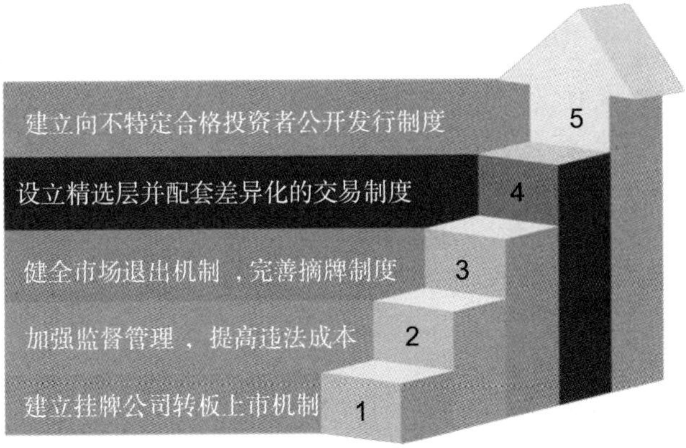

图 1–3 全面深化股转系统改革的具体措施

这些措施具备很明显的针对性，重点在于完善股转系统的制度进而推动其发展，市场结构更加完备，有助于股转系统为中小企业提供更全面的服务。

系统性创新是股转系统当下着重推进的重大举措，事实上，这不仅仅关系到股转系统的改革发展，也是全国资本市场制度供给侧结构性改革的重要一环。这一举措推进资本市场为中小企业服务的发展，对资本市场改革发展而言意义非凡。

三、北交所的特殊定位

“主板”“创业板”“科创板”……我们称呼这些交易市场时，一般都称呼其板块，但是谈及北京证券交易所时，则直呼“北交所”，这一点其实跟北交所的定位有着不小的关联。

前文我们已经详细介绍过股转系统，而股转系统的俗称是“新三板”。北交所以股转系统精选层为立足点，总体平移其各项基础制度，包括公开发行、交易、转板、退出等，因此也可以将其理解为“新三板”，但二者名称不能重合，因此我们便直接称呼“北交所”。

从这个角度来理解，其实北交所就是股转系统的延续，是为股转系统中的优秀中小企业提供上市交易服务的场所。在监管要求、业务准则等方面虽然与主板相近，但也没有失去股转系统的特色。

我国目前的资本市场体系包含主板（含中小板）、科创板、创业板、新三板、区域性股权交易市场等，而新三板在其中起到了重要的衔接作用。新三板又可被划分为基础层、创新层、精选层三大层次，北交所以股转系统精选层为立足点，总体平移其各项基础制度。

各个交易场所会根据不同的条件进行制度差异安排，让每个板块服务不同的企业，定位也有所不同，主板、创业板、科创板的定位如表 1–3 所示。

表 1-3　主板、创业板、科创板的定位

板块	服务企业	属性	重点支持
主板	市场占有率高、规模大、基础好、高收益、低风险的大型蓝筹企业	传统成熟性	—
创业板	成长型创新创业企业	成长性、创新性、创业性	传统产业与新技术、新产业、新业态、新模式深度融合
科创板	符合国家战略、突破关键核心技术、市场认可度高的科技创新企业	科创性	高新技术产业和战略性新兴产业

2021 年 9 月 2 日，国家主席习近平在 2021 年中国国际服务贸易交易会全球服务贸易峰会上发表视频致辞时强调，继续支持中小企业创新发展，深化新三板改革，设立北京证券交易所，打造服务创新型中小企业主阵地。

《北京证券交易所股票上市规则（试行）》1.4 条指出：本所充分发挥对全国中小企业股份转让系统（以下简称全国股转系统）的示范引领作用，深入贯彻创新驱动发展战略，聚焦实体经济，主要服务创新型中小企业，重点支持先进制造业和现代服务业等领域的企业，推动传统产业转型升级，培育经济发展新动能，促进经济高质量发展。

从以上种种可以看出，北交所的定位就是“服务创新型中小企业”。

“创新型中小企业”可以拆开来理解，“中小企业”其实在我国政策中有着规范含义，“创新型”通常指的是“精选层”和“专精特新”。

1. 中小企业

通常情况下，我们对“中小企业”的理解就是“不出名、规模不大”的企业。其实中小企业在我国政策中早有规定。全国人民代表大会常务委员会在 2002 年颁布的《中华人民共和国中小企业促进法》便已经对“中小企业”这一词汇作出定义，后在 2017 年进行修订，修订后定义如下。

“本法所称中小企业，是指在中华人民共和国境内依法设立的，人员规模、经营规模相对较小的企业，包括中型企业、小型企业和微型企业。

中型企业、小型企业和微型企业划分标准由国务院负责中小企业促进工作综合管理的部门会同国务院有关部门，根据企业从业人员、营业收入、资产总额等指标，结合行业特点制定，报国务院批准。”

2. 专精特新

2021 年，证监会负责人就深化新三板改革设立北京证券交易所答记者问时表示，北交所将“着力打造符合中国国情、有效服务专精特新中小企业的资本市场专业化发展平台”，“专精特新”这一概念一炮而红。其实早从 2011 年起，“专精特新”就经常随着“中小企业”的出现而被提及，如表 1–4 所示。

表 1–4 “专精特新”被提及一览表

发布时间	部门	政策文件
2011.7.25	工信部	中国产业发展和产业政策报告（2011）
2011.9.23	工信部	“十二五”中小企业成长规划
2012.4.26	国务院	《国务院关于进一步支持小型微型企业健康发展的意见》
2013.7.16	工信部	关于促进中小企业“专精特新”发展的指导意见
2018.11.26	工信部	关于开展专精特新“小巨人”企业培育工作的通知
2019.6.13	工信部	关于公布第一批专精特新“小巨人”企业名单的通告
2020.7.8	工信部	关于开展第二批专精特新“小巨人”企业培育工作的通知
2020.11.13	工信部	关于公布第二批专精特新“小巨人”企业名单的通告
2021.1.23	财政部、工信部	关于支持“专精特新”中小企业高质量发展的通知
2021.3.12	银保监会	关于 2021 年进一步推动小微企业金融服务高质量发展的通知
2021.4.19	工信部	关于开展第三批专精特新“小巨人”企业培育工作的通知
2021.7.19	工信部	关于第三批专精特新“小巨人”企业名单的公示
2021.6.1	工信部、科技部、财政部、商务部、国资委、证监会	关于加快培育发展制造业优质企业的指导意见
2021.9.6	证监会	证监会就北京证券交易所有关基础制度安排向社会公开征求意见

这样看来，国家对“中小企业”的引导是向着“专精特新”的方向发展的。而《工业和信息化部关于促进中小企业“专精特新”发展的指导意见》（工信部企业〔2013〕264 号）中，对“专精特新”的具体表现也有明确指示，如表 1–5 所示。

表 1–5 “专精特新”的明确定义

专	精	特	新
专业化	精细化	特色化	新颖化
引导中小企业专注核心业务，提高专业化生产、服务和协作配套的能力，为大企业、大项目和产业链提供零部件、元器件、配套产品和配套服务	引导中小企业精细化生产、精细化管理、精细化服务，以美誉度高、性价比好、品质精良的产品和服务在细分市场中占据优势	引导中小企业利用特色资源，弘扬传统技艺和地域文化，采用独特工艺、技术、配方或原料，研制生产具有地方或企业特色的产品	引导中小企业开展技术创新、管理创新和商业模式创新，培育新的增长点，形成新的竞争优势

北交所可以说是围绕着优秀的中小企业而设立的交易场所，以此来为中小企业开拓更为方便的融资渠道，培育中小企业更早适应资本市场的土壤。因此，接下来的发展实在让人期待。

四、北交所六大亮点

北交所的敲锣是资本市场改革发展的又一标志性事件，可进一步完善多层次资本市场体系，推动创新驱动发展，具体来说具备以下六大亮点，如图 1–4 所示。

图 1–4 北交所六大亮点

1. 聚焦服务中小企业

北交所定位于“服务创新型中小企业”，通过优化制度、降低投资者门槛等包容创新的措施，为中小企业打开了更方便的融资大门。有成长潜力的中小企业也因此而获得更早进入资本市场的机会，对优质中小企业而言，这无疑是巨大利好，对加速其成长具有重要作用。北交所多元化且具包容性的上市标准，使得许多“更早、更小、更新”的优质中小企业因此获得更多发展机会。

2. 发布多项细则，已建立较为完善的规则体系

在北交所揭牌暨开市仪式上，中国证监会主席易会满发言表示：将坚持“建制度、不干预、零容忍”，持续深化新三板改革，努力办好北交所，打造服务创新型中小企业主阵地，同时推动提高上市公司质量，维护市场“三公”秩序和平稳运行，切实保护投资者合法权益。

也就是说，企业想要在北交所上市，必须严格按照相关规则，北交所严禁违法违规行为的出现。在开市之前，北交所已经设定了多项细则，建立了一套非常完善的规则体系，不给任何不法分子可乘之机。

比如《北京证券交易所投资者适当性管理办法（试行）》《北京证券交易所投资者适当性管理业务指南》这两项规则，就对投资者的准入门槛提出要求，需具备一定的资金基础和交易经验，只有符合要求的投资者才有权限在北交所进行交易。另外，股转系统修改发布了《全国中小企业股份转让系统投资者适当性管理办法》，创新层投资者的门槛资金要求从150万元降低到100万元。

而与北交所上市相关的门槛还包括《交易单元管理细则》《上市公司股份协议转让细则》《交易异常情况处理细则》《证券发行与承销管理细则》《证券发行上市保荐业务管理细则》《上市委员会管理细则》《北京证券交易所股票上市规则（试行）》和《北京证券交易所交易规则（试行）》等文件中的规定。总而言之，业务规则可分为4类，如图1–5所示。

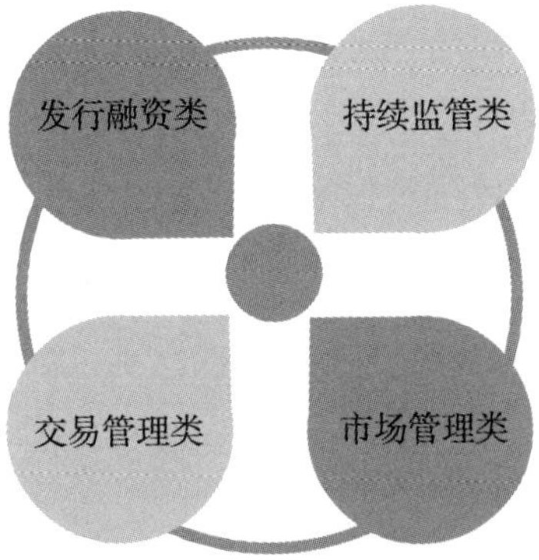

图 1–5　北交所 4 类业务规则

3. 服务中小企业，制度更加包容

北交所定位于服务创新型中小企业的证券交易，在市场准入、发行融资、持续监管、交易管理、市场管理、退出安排等方面的制度设计都参考了其他市场，更具包容性，主要体现在以下 4 个方面。

（1）发行上市制度更加包容。

在发行上市条件要求上，不仅仅参考企业的盈利能力，对其研发能力、成长性等方面也会进行综合评估，以此来对上市企业的实力做出更全面、更精准的判断。而在市值和财务标准上，相对于其他交易所而言，门槛明显更低，与中小企业的发展特征相对应。

众所周知，科技类企业在前期发展过程中研发投入高，盈亏平衡的情况会持续很久。因此北交所针对这一特点，设置了以研发投入和研发强度为核心的上市条件。科技类中小企业在尚未盈利的情况下，具备足够的创新性、技术含量以及一定的研发能力，便有机会在北交所上市。

（2）持续融资制度灵活多元。

融资方式包括向不特定合格投资者公开发行、向特定对象定向发行，相对而言更加多元化；发行机制方面则包括授权发行、储架发行、自办发行等，与创新型中小企业的需求相契合，且能有效降低中小企业融资成本；另外，权益融资工具非常丰富，包括普通股、优先股、可转债等。

（3）监管制度宽严适度。

北交所的规则与现行的各个证券交易所监管安排保持了总体一致性，但同时也根据实际情况与自身定位设定了更加灵活的监管要求，比如设立专门委员会不再是董事会的必要条件，公司自治才更值得关注；在现金分红比例方面，可以根据实际情况量力而行；而在股权激励方面，如果达到充分披露以及完成相应程序的条件，企业可以合理设置期权行权价格，更显激励效果。

（4）退市机制体现特色。

在退市制度方面，北交所充分借鉴了各交易场所的退市制度改革，把保护投资者合法权益放在第一位，但同时也没有忽略中小企业的权益，通过避免市场“大进大出”来防止其过度受到影响。北交所对退市风险实现“分类纾解、充分缓释”，退市企业只要符合要求，是可以挂牌在基础层和创新层并以此得到持续发展的。而对于重大违法、丧失持续经营能力的企业，北交所将会坚决强制其退市。

4. 加强监管，提高上市企业质量

北交所首批上市企业充分体现了北交所“服务创新型中小企业”这一定位，它们大多数在行业细分领域中属于佼佼者，经营稳定，具备明显的成长潜力，甚至有的企业处于其所在产业链中的关键位置。北交所以自身定位为基础，结合市场特征，遵循监管职责，以此来确保上市企业质量。

（1）落实注册制试点，把好市场“入口关”，严防企业“带病上市”。

（2）夯实“关键主体责任”，确保上市企业从内在提升质量。

（3）充分借鉴各交易场所的退市制度改革，畅通市场“出口关”，实现“分类纾解、充分缓释”。

5. 强化服务，建立良性市场生态

2021 年 10 月 23 日，北京证券交易所副总经理李永春在“2021 全球财富管理论坛”上表示：北交所的设立为投资者提供了新的财富管理机遇，并将进一步拓宽中小企业资本市场的发展路径。同时提出了 3 个观点（见图 1–6），以此来建立良性市场生态。

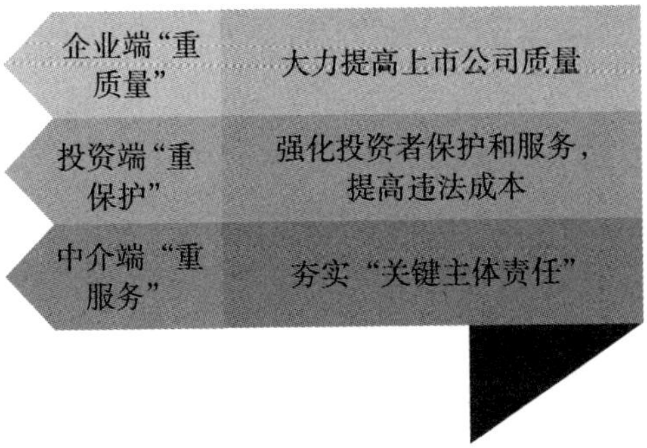

图 1-6　建立良性市场生态的 3 个观点

6. 准入门槛低，预约投资者多

简而言之，北交所交易规则可归纳为六大要点，如图 1-7 所示。

一是交易门槛50万元。
二是交易时间与沪深交易所相同。
三是单笔申报最低100股，可以1股为单位递增。
四是日涨跌幅限制30%。
五是新股上市首日不设涨跌幅限制，设临时停牌机制。
六是多元化交易制度更加高效，分为竞价交易、大宗交易、协议转让等多种交易方式。

图 1-7　北交所交易规则六大要点

其中尤其值得注意的是交易门槛 50 万元这一条。数据显示，在北交所开市之前，预约开通北交所投资者权限的人数已达到 210 万人以上。

五、北交所基本制度与规则框架

证监会于 2021 年 10 月 30 日发布了多项针对北交所的规章制度，主要内容包括发行上市制度、持续监管制度及再融资制度等，这些制度在 2021 年 11 月 15 日起正式实施。这些制度的发布，表明北交所将正式成为继上交所、深交所之后的第三家证交所，为广大中小企业提供良好的金融服务。与其他资本市场相比，北交所作为第一家公司制证券交易所，其制度与框架有着许多创新之处。

1. 北交所的上市规则面向中小企业做出改变

《北京证券交易所向不特定合格投资者公开发行股票注册管理办法（试行）》（以下简称《发行上市规则》充分借鉴了新三板的监管实践经验，结合科创板、创业板的注册制改革经验，针对中小企业的特点建立了一个改革性的股票发行上市制度。北交所发行上市规则主要包括6个方面的内容，如图1–8所示。

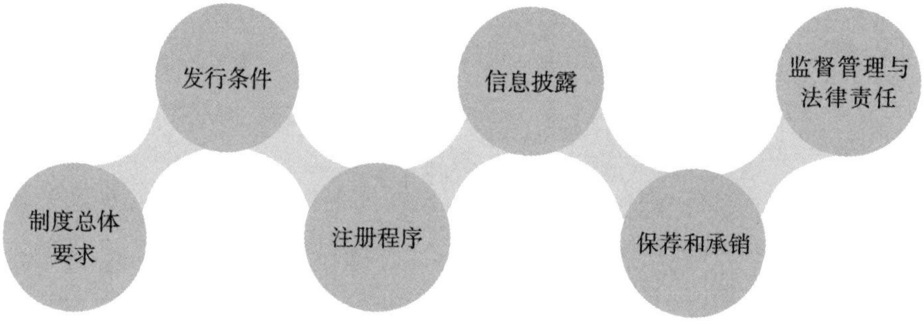

图1–8　北交所发行上市规则主要包括6个方面

（1）制度总体要求。

北交所成立的主要目的，是为创新型中小企业提供更好的金融服务，尤其是现代服务业及先进制造业等行业。也就是说，在定位上，北交所就与创业板、科创板有着很大的不同，它们从定位上就实现了错位发展，为不同类型的企业提供金融服务，促进企业健康发展。

（2）发行条件。

在发行条件上，北交所选择了平移精选层的规章制度。在上市规则方面，北交所根据中小企业的实际发展需求及其特点，制定了4套标准，企业只要符合其中的任意一套标准，就能在北交所申请上市，这对于中小企业来说是十分有利的。另外，北交所与新三板的基础层、创新层共同构建了一个“循序渐进”的市场结构，想要在北交所申请上市，必须要在新三板创新层挂牌满12个月。

（3）注册程序。

北交所在审核注册程序上实行的是注册制，拟上市公司需要先在北交所进行申请，北交所审核通过后，再由证监会完成注册。在审核时间方面，北交所进行了一定程度的压缩，规定在两个月内完成，而创业板、科创板规定在三个月内完成，这一点同样有利于中小企业的发展，在一定程度上降低了拟上市公司的等待时间。证监会注册时间为20个工作日内完成，其中不包括中介机构回复、反馈的时间。

（4）信息披露。

北交所对于上市公司的监管一直保持着强硬的态度，其《持续监管办法》中明确规定了董事长对信息披露需承担首要责任，这是国内第一家将该条写入持续监管办法当中的交易所，一方面明确了信息披露义务人所需承担的责任，另一方面，这意味着我国以信息披露为核心的注册制改革得到了更深入的落实。需要注意的是，对于尚未盈利的相关事项和重大不确定事项，北交所的信息披露要求与创业板、科创板是完全相同的。

（5）保荐和承销。

在保荐和承销上，北交所结合中小企业的特点，制定了不同的发行定价方式，如图1-9所示。

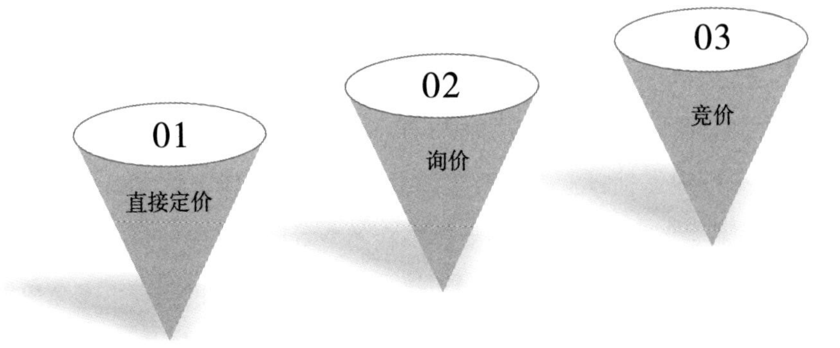

图1-9　北交所发行定价方式

北交所发行上市制度的完善与实施，加上各种配套制度的落地，对北交所制度规则体系进行了进一步的细化与完善，更符合中小企业的发展阶段及发展特点，能够在一定程度上推动中小企业的发展，提高市场活力，为北交所的持续稳定运行提供了充分保障。

（6）监督管理与法律责任。

相较于精选层挂牌公司，北交所的监督管理与法律责任充分借鉴了现有上市公司监管经验，主要突出优化公司治理、信息披露要求具体、加严停复牌管理以及清晰主体责任 4 个方面。

2. 北交所再融资制度充分体现了错位优势

北交所成立的主要目的，是为中小企业提供更好的金融服务，因此，为了更好地服务于中小企业，北交所在制定再融资制度时，始终围绕着“小额、快速、灵活、多元”的核心，并由证监会起草发布了《北京证券交易所上市公司证券发行注册管理办法（试行）》（以下简称《再融资办法》）。

北交所的再融资制度在起草时，有效总结了沪深交易所的实践经验，在主要内容方面与创业板、科创板大致相同。原先的 68 家在精选层挂牌的企业，如满足北交所再融资制度的相关条件，在平移到北交所后可以根据实际需要决定是否进行再融资。接下来，我们来看看北交所再融资制度的特点。

（1）结合实际，制定了符合中小企业特点的特色融资制度。

北交所再融资制度充分考虑了中小企业的发展情况及实际需求，中小企业在北交所当中能够更好地满足融资需求，融资的灵活性、便捷性也得到了大幅提升，这充分展示了北交所为中小企业服务的特点。

（2）进一步保护投资者的合法权益。

为了更好地保护投资者的合法权益，北交所再融资制度提出了更完善的风险防控机制。这样做的好处主要体现在两个方面：一是贯彻落实注册制改革的发展思路，通过制度使投资者的知情权得到更进一步的保证，避免出现利益输送等情况，旨在将北交所打造成一个“公平、公正、公开”的交易所；二是当投资者的合法权益有了有效保障时，他们对北交所上市公司的信任度会得到一定的提升，这样能够让合法合规的上市公司更好地获取融资来发展自身并回馈给投资者。

（3）充分展示错位优势。

北交所再融资制度有效提取了沪深交易所的实践经验，并充分考虑了中小企业的发展特点、融资需求，制定了一系列的特色制度安排，能够更好地为中小企业提供服务，充分展示了错位优势。

3. 在制度层面为北交所的后续发展提供了充分空间

《北京证券交易所上市公司持续监管办法（试行）》（以下简称《持续监管办法》为北交所的后续发展提供了充分空间，从制度上明确了北交所上市公司的监管要求。

《持续监管办法》贯彻落实了两项原则：一是以当前的监管经验、监管制度为基础，北交所的持续监管制度与沪深交易所基本保持一致，明确了北交所上市公司所需要承担的基本权利及义务、北交所的市场功能及地位；二是立足于服务中小企业，结合中小企业实际发展需求推出差异化制度。在不违反监管原则的情况下，北交所结合中小企业的特点，在持续监管制度上做出了相应的调整，推出了一系列差异化制度，更好地满足中小企业的融资需求。

4. 转板制度明确了政策的延续性

为了更好地满足北交所上市公司的转板需求，明确转板的相关事项及流程。证监会基于北交所的特点，对《关于全国中小企业股份转让系统挂牌公司转板上市的指导意见》进行了一定的修改，推出《关于北京证券交易所上市公司转板的指导意见》（征求意见稿）（以下简称《指导意见》)。《指导意见》对15个方面进行了修订，修订部分主要涉及以下5点：一是对制定依据进行修订，删除《国务院关于全国中小企业股份转让系统有关问题的决定》；二是对相关名称进行修订，将“全国股转公司”修改为“北交所”，“精选层公司”修改为“北交所上市公司”，“转板上市”修改为“转板”；三是对上市时间计算进行修订，明确了精选层挂牌时间可纳入北交所上市时间；四是对股份限售期进行修订；五是对部分内容进行了适应性调整。

第二章 北交所重点扶持领域

中小企业在我国经济中起到举足轻重的作用，是我国重要的经济主体，而北交所“服务创新型中小企业”的定位，可谓是资本市场助力中小企业创新发展的重要举措。2021 年 11 月 15 日，北交所正式开市，81 家首批上市企业集体亮相，我们可以通过这批企业来了解北交所重点扶持领域。

一、专精特新、创新型中小企业的认定标准

截至 2022 年 11 月，共有 123 家企业在北交所上市，其中 48 家已经满足专精特新“小巨人”企业的标准。时间往前推到 2022 年 6 月，工业和信息化部印发《优质中小企业梯度培育管理暂行办法》，重点在于将优质中小企业进行划分，主要明确创新型中小企业、专精特新中小企业、专精特新“小巨人”企业三大类型的认定标准。

北交所作为市场服务创新型中小企业的重要阵地，这 3 类企业是最容易实现上市目标的。因此，在上市之前，企业不妨先了解一下这 3 类企业的标准，向这个标准靠齐。

1. 创新型中小企业认定标准

企业按照当地规定并登录相关平台进行自评，相关部门则根据评价指标进行审核，并且进一步做实地考察，最后进行公示，公示无异议后，将会由相关

部门公告其成为“创新型中小企业”，而具体的认定条件和评价指标如下。

一、认定条件

同时满足以下四项条件即视为满足认定条件：

（一）从事特定细分市场时间达到 2 年以上。

（二）上年度研发费用总额不低于 100 万元，且占营业收入总额比重不低于 3%。

（三）上年度营业收入总额在 1000 万元以上，或上年度营业收入总额在 1000 万元以下，但近 2 年新增股权融资总额（合格机构投资者的实缴额）达到 2000 万元以上。

（四）评价得分达到 60 分以上或满足下列条件之一：

1. 近三年获得过省级科技奖励，并在获奖单位中排名前三；或获得国家级科技奖励，并在获奖单位中排名前五。

2. 近两年研发费用总额均值在 1000 万元以上。

3. 近两年新增股权融资总额（合格机构投资者的实缴额）6000 万元以上。

4. 近三年进入“创客中国”中小企业创新创业大赛全国 500 强企业组名单。

二、评价指标

包括创新能力、成长性、专业化三类六个指标，评价结果依分值计算，满分为 100 分。

（一）创新能力指标（满分 40 分）

1. 与企业主导产品相关的有效知识产权数量（满分 20 分）

A. Ⅰ类高价值知识产权 1 项以上（20 分）

B. 自主研发的Ⅰ类知识产权 1 项以上（15 分）

C. Ⅰ类知识产权 1 项以上（10 分）

D. Ⅱ类知识产权 1 项以上（5 分）

E. 无（0 分）

2. 上年度研发费用总额占营业收入总额比重（满分 20 分）

A. 5% 以上（20 分）

B. 3%–5%（15 分）

C. 2%–3%（10 分）

D. 1%–2%（5 分）

E. 1% 以下（0 分）

（二）成长性指标（满分 30 分）

3. 上年度主营业务收入增长率（满分 20 分）

A. 15% 以上（20 分）

B. 10%–15%（15 分）

C. 5%–10%（10 分）

D. 0%–5%（5 分）

E. 0% 以下（0 分）

4. 上年度资产负债率（满分 10 分）

A. 55% 以下（10 分）

B. 55%–75%（5 分）

D. 75% 以上（0 分）

（三）专业化指标（满分 30 分）
5. 主导产品所属领域情况（满分 10 分）
A. 属于《战略性新兴产业分类》(10 分）
B. 属于其他领域（5 分）
6. 上年度主营业务收入总额占营业收入总额比重（满分 20 分）
A. 70% 以上（20 分）
B. 60%-70%（15 分）
C. 55%-60%（10 分）
D. 50%-55%（5 分）
E. 50% 以下（0 分）

2. 专精特新中小企业认定标准

创新型中小企业按照当地规定并登录相关平台进行自评，相关部门则根据评价指标进行审核，并且进一步做实地考察，最后进行公示，公示无异议后，将会由相关部门公告其成为“专精特新中小企业”，而具体的认定条件和评价指标如下。

一、认定条件

同时满足以下四项条件即视为满足认定条件：

（一）从事特定细分市场时间达到 2 年以上。

（二）上年度研发费用总额不低于 100 万元，且占营业收入总额比重不低于 3%。

（三）上年度营业收入总额在 1000 万元以上，或上年度营业收入总额在 1000 万元以下，但近 2 年新增股权融资总额（合格机构投资者的实缴额）达到 2000 万元以上。

（四）评价得分达到 60 分以上或满足下列条件之一：

1. 近三年获得过省级科技奖励，并在获奖单位中排名前三；或获得国家级科技奖励，并在获奖单位中排名前五。

2. 近两年研发费用总额均值在 1000 万元以上。

3. 近两年新增股权融资总额（合格机构投资者的实缴额）6000 万元以上。

4. 近三年进入“创客中国”中小企业创新创业大赛全国 500 强企业组名单。

二、评价指标

包括专业化、精细化、特色化和创新能力四类十三个指标，评价结果依分值计算，满分为 100 分。

（一）专业化指标（满分 25 分）
1. 上年度主营业务收入总额占营业收入总额比重（满分 5 分）
A. 80% 以上（5 分）
B. 70%-80%（3 分）
C. 60%-70%（1 分）

D. 60% 以下（0 分）

2. 近 2 年主营业务收入平均增长率（满分 10 分）

A. 10% 以上（10 分）

B. 8%–10%（8 分）

C. 6%–8%（6 分）

D. 4%–6%（4 分）

E. 0%–4%（2 分）

F. 0% 以下（0 分）

3. 从事特定细分市场年限（满分 5 分）

每满 2 年得 1 分，最高不超过 5 分。

4. 主导产品所属领域情况（满分 5 分）

A. 在产业链供应链关键环节及关键领域“补短板”“锻长板”“填空白”取得实际成效（5 分）

B. 属于工业“六基”领域、中华老字号名录或企业主导产品服务关键产业链重点龙头企业（3 分）

C. 不属于以上情况（0 分）

（二）精细化指标（满分 25 分）

5. 数字化水平（满分 5 分）

A. 三级以上（5 分）

B. 二级（3 分）

C. 一级（0 分）

6. 质量管理水平（每满足一项加 3 分，最高不超过 5 分）

A. 获得省级以上质量奖荣誉

B. 建立质量管理体系，获得 ISO9001 等质量管理体系认证证书

C. 拥有自主品牌

D. 参与制修订标准

7. 上年度净利润率（满分 10 分）

A.10% 以上（10 分）

B. 8%–10%（8 分）

C. 6%–8%（6 分）

D. 4%–6%（4 分）

E. 2%–4%（2 分）

F. 2% 以下（0 分）

8. 上年度资产负债率（满分 5 分）

A. 50% 以下（5 分）

B. 50%–60%（3 分）

C. 60%–70%（1 分）

D. 70% 以上（0 分）

（三）特色化指标（满分 15 分）

9. 地方特色指标。

由省级中小企业主管部门结合本地产业状况和中小企业发展实际自主设定1-3个指标进行评价（满分15分）

（四）创新能力指标（满分35分）

10. 与企业主导产品相关的有效知识产权数量（满分10分）

A. Ⅰ类高价值知识产权1项以上（10分）

B. 自主研发Ⅰ类知识产权1项以上（8分）

C. Ⅰ类知识产权1项以上（6分）

D. Ⅱ类知识产权1项以上（2分）

E. 无（0分）

11. 上年度研发费用投入（满分10分）

A. 研发费用总额500万元以上或研发费用总额占营业收入总额比重在10%以上（10分）

B. 研发费用总额400-500万元或研发费用总额占营业收入总额比重在8%-10%（8分）

C. 研发费用总额300-400万元或研发费用总额占营业收入总额比重在6%-8%（6分）

D. 研发费用总额200-300万元或研发费用总额占营业收入总额比重在4%-6%（4分）

E. 研发费用总额100-200万元或研发费用总额占营业收入总额比重在3%-4%（2分）

F. 不属于以上情况（0分）

12. 上年度研发人员占比（满分5分）

A. 20%以上（5分）

B. 10%-20%（3分）

C. 5%-10%（1分）

D. 5%以下（0分）

13. 建立研发机构级别（满分10分）

A. 国家级（10分）

B. 省级（8分）

C. 市级（4分）

D. 市级以下（2分）

E. 未建立研发机构（0分）

3. 专精特新“小巨人”企业评价标准

专精特新中小企业按照当地规定提出申请，省级相关部门则根据认定标准进行审核，并且进一步做实地考察，最后向工业和信息化部推荐。而该机构收到推荐申请后，会继续进行审核和实地考察，最后进行公示。公示无异议后，将会由工业和信息化部公告其成为“专精特新‘小巨人’企业”，而具体的认定条件如下。

专精特新“小巨人”企业认定需同时满足专、精、特、新、链、品六个方面指标。

一、专业化指标

坚持专业化发展道路，长期专注并深耕于产业链某一环节或某一产品。截至上年末，企业从事特定细分市场时间达到 3 年以上，主营业务收入总额占营业收入总额比重不低于 70%，近 2 年主营业务收入平均增长率不低于 5%。

二、精细化指标

产品质量性能国内领先，注重数字化、绿色化发展，在研发设计、生产制造、供应链管理等环节，至少 1 项核心业务采用信息系统支撑。取得相关管理体系认证，或产品通过发达国家和地区产品认证（国际标准协会行业认证）。截至上年末，企业资产负债率不高于 70%。

三、特色化指标

技术和产品有自身独特优势，主导产品在全国细分市场占有率达到 10% 以上，且享有较高知名度和影响力。拥有直接面向市场并具有竞争优势的自主品牌。

四、创新能力指标

满足一般性条件或创新直通条件。

（一）一般性条件。需同时满足以下三项：

1. 上年度营业收入总额在 1 亿元以上的企业，近 2 年研发费用总额占营业收入总额比重均不低于 3%；上年度营业收入总额在 5000 万元—1 亿元的企业，近 2 年研发费用总额占营业收入总额比重均不低于 6%；上年度营业收入总额在 5000 万元以下的企业，同时满足近 2 年新增股权融资总额（合格机构投资者的实缴额）8000 万元以上，且研发费用总额 3000 万元以上、研发人员占企业职工总数比重 50% 以上。

2. 自建或与高等院校、科研机构联合建立研发机构，设立技术研究院、企业技术中心、企业工程中心、院士专家工作站、博士后工作站等。

3. 拥有 2 项以上与主导产品相关的 I 类知识产权，且实际应用并已产生经济效益。

（二）创新直通条件。满足以下一项即可：

1. 近三年获得国家级科技奖励，并在获奖单位中排名前三。

2. 近三年进入“创客中国”中小企业创新创业大赛全国 50 强企业组名单。

五、产业链配套指标

位于产业链关键环节，围绕重点产业链实现关键基础技术和产品的产业化应用，发挥“补短板”“锻长板”“填空白”等重要作用。

六、主导产品所属领域指标

主导产品原则上属于以下重点领域：从事细分产品市场属于制造业核心基础零部件、元器件、关键软件、先进基础工艺、关键基础材料和产业技术基础；或符合制造强国战略十大重点产业领域；或属于网络强国建设的信息基础设施、关键核心技术、网络安全、数据安全领域等产品。

三种类型相互衔接，形成优质中小企业梯度培育体系。具体来说，创新型中小企业专业化要达到一定水平，同时还不能缺乏创新能力和发展潜力；而在这个基础上，实现专业化、精细化、特色化的企业，同时还具备优秀的创新能力，达到一定的质量效益，就有机会成为专精特新中小企业；专精特新“小巨人”的要求当然不仅仅是以上内容，还要在产业中占据核心领域，掌握核心技术，是优质中小企业中的佼佼者。

新型中小企业、专精特新中小企业、专精特新“小巨人”企业创新能力强、成长性好，日后必然成为推动北交所发展的中坚力量，因此企业应当围绕上述标准，提高硬实力，把自己打造成专精特新企业。

二、北交所首批上市企业的地域与行业分布

2021 年 11 月 15 日，北交所正式开市，81 家首批上市企业集体亮相，如表 2-1 所示。这 81 家企业有什么特色、来自哪里、从属什么行业……这些都是大众所关心的问题。

表 2-1 北交所首批上市的 81 家企业

序号	股票代码	公司简称	企业名称
1	835185	贝特瑞	贝特瑞新材料集团股份有限公司
2	835305	云创数据	南京云创大数据科技股份有限公司
3	835174	五新隧装	湖南五新隧道智能装备股份有限公司
4	831961	创远仪器	上海创远仪器技术股份有限公司
5	830799	艾融软件	上海艾融软件股份有限公司
6	833509	同惠电子	常州同惠电子股份有限公司
7	430198	微创光电	武汉微创光电股份有限公司
8	832317	观典防务	观典防务技术股份有限公司
9	830964	润农节水	河北润农节水科技股份有限公司
10	831832	科达自控	山西科达自控股份有限公司
11	835640	富士达	中航富士达科技股份有限公司
12	833819	颖泰生物	北京颖泰嘉和生物科技股份有限公司
13	834475	三友科技	三门三友科技股份有限公司

（续表）

序号	股票代码	公司简称	企业名称
14	830839	万通液压	山东万通液压股份有限公司
15	832000	安徽凤凰	安徽凤凰滤清器股份有限公司
16	831856	浩森科技	明光浩森安防科技股份公司
17	836263	中航泰达	北京中航泰达环保科技股份有限公司
18	833873	中设咨询	中设工程咨询（重庆）股份有限公司
19	430090	同辉信息	同辉佳视（北京）信息技术股份有限公司
20	837344	三元基因	北京三元基因药业股份有限公司
21	430418	苏轴股份	苏州轴承厂股份有限公司
22	872925	锦好医疗	惠州市锦好医疗科技股份有限公司
23	832885	星辰科技	桂林星辰科技股份有限公司
24	430489	佳先股份	安徽佳先功能助剂股份有限公司
25	835670	数字人	山东数字人科技股份有限公司
26	838275	驱动力	广东驱动力生物科技股份有限公司
27	835368	连城数控	大连连城数控机器股份有限公司
28	833266	生物谷	云南生物谷药业股份有限公司
29	832089	禾昌聚合	苏州禾昌聚合材料股份有限公司
30	833523	德瑞锂电	惠州市惠德瑞锂电科技股份有限公司
31	871396	常辅股份	常州电站辅机股份有限公司
32	833994	翰博高新	翰博高新材料（合肥）股份有限公司
33	831370	新安洁	新安洁环境卫生股份有限公司
34	832225	利通科技	漯河利通液压科技股份有限公司
35	832566	梓橦宫	四川梓橦宫药业股份有限公司
36	834599	同力股份	陕西同力重工股份有限公司
37	832735	德源药业	江苏德源药业股份有限公司
38	839729	永顺生物	广东永顺生物制药股份有限公司
39	832278	鹿得医疗	江苏鹿得医疗电子股份有限公司
40	831445	龙竹科技	龙竹科技集团股份有限公司

（续表）

序号	股票代码	公司简称	企业名称
41	831768	拾比佰	珠海拾比佰彩图板股份有限公司
42	834682	球冠电缆	宁波球冠电缆股份有限公司
43	870436	大地电气	南通大地电气股份有限公司
44	430047	诺思兰德	北京诺思兰德生物技术股份有限公司
45	837092	汉鑫科技	山东汉鑫科技股份有限公司
46	836260	中寰股份	成都中寰流体控制设备股份有限公司
47	430510	丰光精密	青岛丰光精密机械股份有限公司
48	836239	长虹能源	四川长虹新能源科技股份有限公司
49	836826	盖世食品	大连盖世健康食品股份有限公司
50	835508	殷图网联	北京殷图网联科技股份有限公司
51	833874	泰祥股份	十堰市泰祥实业股份有限公司
52	836433	大唐药业	内蒙古大唐药业股份有限公司
53	831010	凯添燃气	宁夏凯添燃气发展股份有限公司
54	837242	建邦科技	青岛建邦汽车科技股份有限公司
55	838924	广脉科技	广脉科技股份有限公司
56	833454	同心传动	河南同心传动股份有限公司
57	838163	方大股份	河北方大包装股份有限公司
58	839167	同享科技	同享（苏州）电子材料科技股份有限公司
59	839946	华阳变速	湖北华阳汽车变速系统股份有限公司
60	836077	吉林碳谷	吉林碳谷碳纤维股份有限公司
61	830832	齐鲁华信	山东齐鲁华信实业股份有限公司
62	834765	美之高	深圳市美之高科技股份有限公司
63	839680	广道高新	深圳市广道高新技术股份有限公司
64	833427	华维设计	华维设计集团股份有限公司
65	831039	国义招标	国义招标股份有限公司
66	836675	秉扬科技	攀枝花秉扬科技股份有限公司
67	871981	晶赛科技	安徽晶赛科技股份有限公司

（续表）

序号	股票代码	公司简称	企业名称
68	837212	智新电子	潍坊智新电子股份有限公司
69	831305	海希通讯	上海海希工业通讯股份有限公司
70	835184	国源科技	北京世纪国源科技股份有限公司
71	831726	朱老六	长春市朱老六食品股份有限公司
72	834021	流金岁月	北京流金岁月传媒科技股份有限公司
73	832171	志晟信息	河北志晟信息技术股份有限公司
74	834415	恒拓开源	恒拓开源信息科技股份有限公司
75	832145	恒合股份	北京恒合信业技术股份有限公司
76	871642	通易航天	南通通易航天科技股份有限公司
77	836149	旭杰科技	苏州旭杰建筑科技股份有限公司
78	830946	森萱医药	江苏森萱医药股份有限公司
79	871553	凯腾精工	北京凯腾精工制版股份有限公司
80	838030	德众汽车	湖南德众汽车销售服务股份有限公司
81	836892	广咨国际	广东广咨国际工程投资顾问股份有限公司

具体了解的话，可以发现这 81 家企业充分体现了北交所“服务创新型中小企业”这一定位，它们大多数在行业细分领域中属于佼佼者，经营稳定，具备明显的成长潜力，甚至有的企业处于其所在产业链中的关键位置。

在北交所这条新赛道上，这批企业将会有什么样的表现？接下来的内容，笔者简练勾勒其轮廓，希望能为大家的判断提供一些参考。

1. 地域特征：地域分布广泛，中西部占比低

北交所首批上市的企业地域分布广泛，达到 23 个省市，但分布情况并不均匀，其中江苏占 15%（12 家），北京占 14%（11 家）、广东占 12%（10 家）、山东占 9%（7 家）。总体来说，这批企业主要集中在东部沿海地区，占比高达 67%，中部地区占比达到 21%，西部占比仅为 12%。在西部地区，四川省上市了 4 家，占比达到 5%，表现较为亮眼，如图 2-1 和图 2-2 所示。

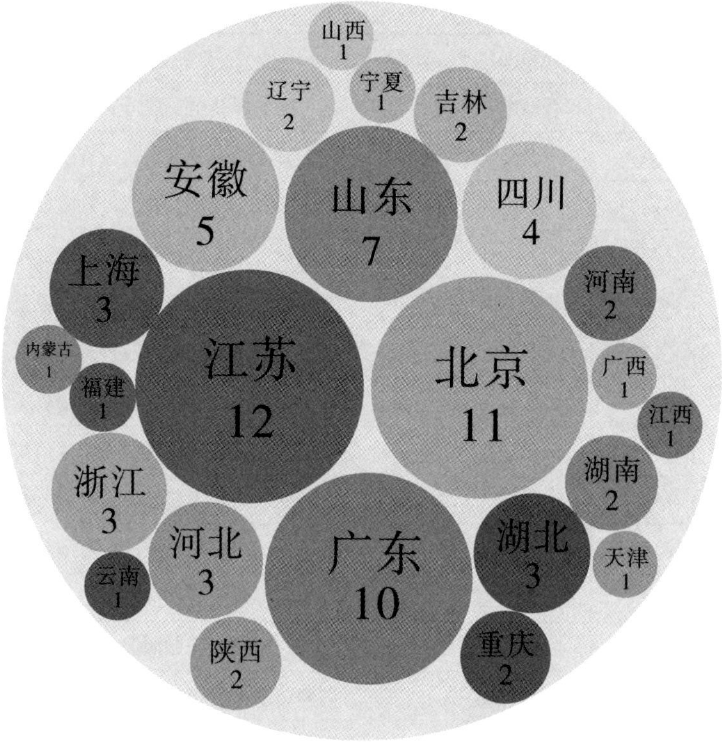

图 2–1　首批北交所上市企业所在地区

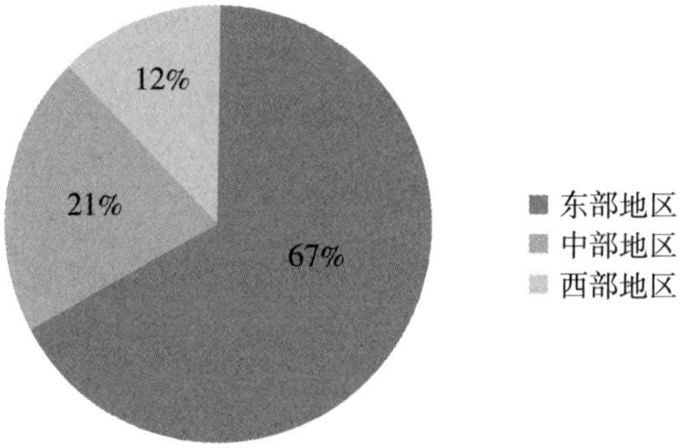

图 2–2　首批北交所上市企业地域分布

2. 行业特征：以制造业和信息传输、软件和信息技术服务业为主

在首批上市的 81 家企业中，制造业和信息传输、软件和信息技术服务业占比接近 9 成，如图 2–3 所示。

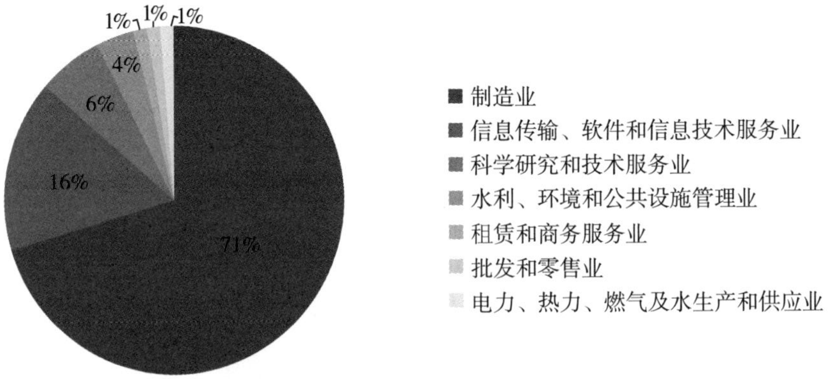

图 2-3　首批北交所上市企业行业分布

科创板的这一数据不过刚刚过半，可见这一领域在北交所的发展未来可期。北交所对于制造业和信息传输、软件和信息技术服务业而言，是更快速便捷的上市通道，也可以从中获得更为优质高效的服务，“专精特新”优质企业也因此而有更好的发展机会。“专精特新”指的是“专业化、精细化、特色化、新颖化”中小企业，这类企业与北交所的定位不谋而合。在首批上市企业中，有 16 家企业属于“专精特新”优质企业。

3. 发展程度：发展已经达到一定水平且成长迅速

北交所首批上市企业中，成立年份超过 20 年的接近 3 成，在 10 年到 20 年这一区间的约为 7 成，也就是说，几乎所有企业的成立年份都达到了 10 年以上。这些企业都是发展已经达到一定水平且成长迅速的优质中小型创新企业，在北交所上市后，发展潜力将会发挥得更加明显。

4. 盈利水平：以高盈利企业为主

北交所的发行准入条件分为 4 套，分别对应注重企业的 4 个方面能力：盈利能力、成长性、市场认可度及创新能力，总体来说能看出北交所更看重企业的持续经营能力。北交所首批上市企业中，超 9 成的企业选择了能够突出盈利能力的“标准一”，这些企业的选择与求稳心理相关，如果企业发行询价后却没有达到申报时的市值标准，将会被中止发行。因此，为了保证企业成功发行股票，众多企业都选择了较为稳定的“标准一”。

当然，除了求稳心理以外，大多数企业选择以盈利能力作为准入条件，还是因为这一标准与主板所要求的上市标准相对而言比较接近。而首批上市的81家企业，有不少已经在着手准备主板上市，而北交所的开市对于这些企业来说形成了巨大的吸引力，相当于在满足比较契合的标准上多了一种选择。

总而言之，北交所首批上市企业在地域分布上较为广泛，中西部占比低，在行业分布上以制造业和信息传输、软件和信息技术服务业为主，发展程度已经达到一定水平且成长迅速，盈利水平明显较高，相信上市之后，这些企业将会有机会以更快的速度增长。

三、北交所首批上市企业业绩表现

北交所首批上市企业资产经营、估值等方面的体现，都是创新成长中小企业所具备的共同特点。总体来说，这81家上市企业业绩表现亮眼，我们可以与其他板块上市企业的数据进行一下对比。

在营业收入方面，北交所首批上市企业前三个季度营收同比增速为35.31%，远比主板、创业板要高，而这一数据在2020年仅为11.21%，增速提升迅速，如图2-4所示。而在净利润方面，北交所首批上市企业前三个季度净利润增速为33.33%，同样比主板、创业板高出不少，如图2-5所示。

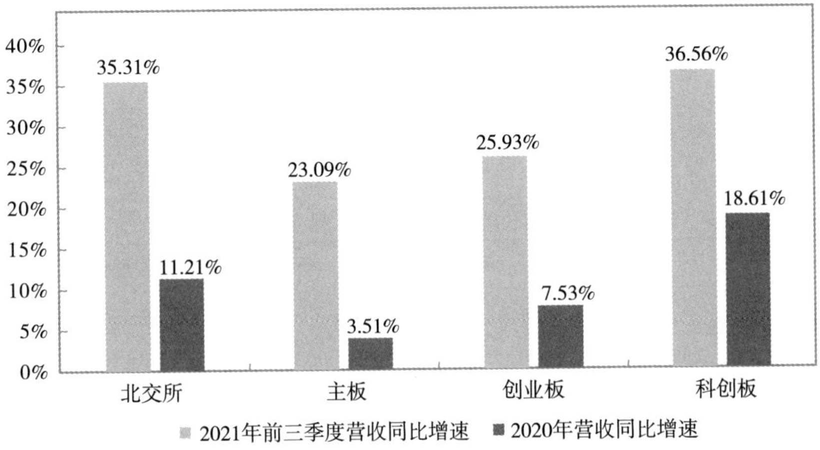

图 2–4　首批北交所上市公司营收同比增速与 A 股其他板块上市公司对比

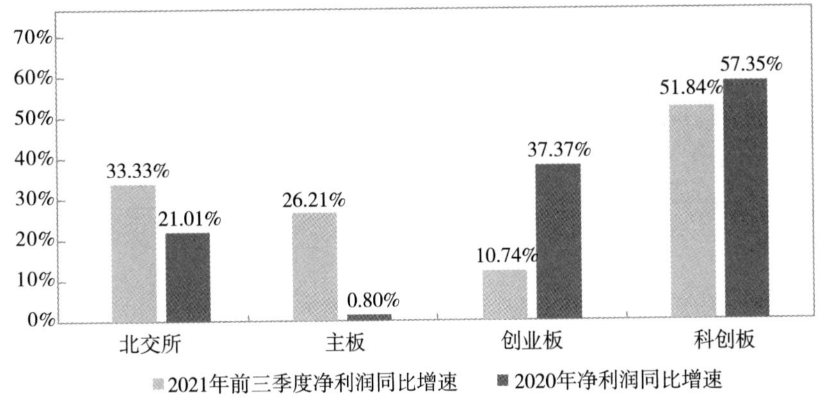

图 2–5　首批北交所上市公司净利润同比增速与 A 股其他板块上市公司对比

接下来，我们再来看一下北交所首批上市企业业绩的具体表现，主要包括营业总收入、净利润、毛利率和净利率这几个方面。

1. 营业总收入

截至 2021 年 11 月，北交所首批上市企业平均营业总收入为 6.02 亿元，中位数为 3.22 亿元。其中属于制造业主营有机化学农药的颖泰生物营业总收入高达 62.25 亿元，排名第一；而同样属于制造业主营营养补充类制剂的诺思兰德营业总收入为 0.41 亿元，排在末位，营业总收入在 1 亿元到 50 亿元这一区间的企业达到 79 家。

诺思兰德营业总收入表现相对来说虽然差强人意，但是其营收增长率表现亮眼，达到 471.44%，在这一数据上排名最佳，另外还有 58 家企业的营收增长率为正数。营业总收入与营收增长率排名前 10 的企业如表 2–2 所示。

表 2–2　营业总收入与营收增长率排名前 10 的企业

排名	营业总收入	营收增长率
1	颖泰生物	诺思兰德
2	贝特瑞	连城数控
3	同力股份	广脉科技
4	翰博高新	同享科技
5	球冠电缆	星辰科技
6	德众汽车	智新电子
7	长虹能源	锦好医疗
8	连城数控	拾比佰
9	拾比佰	晶赛科技
10	吉林碳谷	禾昌聚合

2. 净利润

截至 2021 年 11 月，北交所首批上市企业平均净利润为 0.71 亿元，中位数为 0.49 亿元。其中属于制造业主营超硬材料、低压电器类的贝特瑞的归母公司净利润高达 4.97 亿元，排名第一；而同样属于制造业主营营养补充类制剂的诺思兰德的归母公司净利润为 –0.2 亿元，排在末位，也是唯一一家归母公司净利润为负数的企业，大多数企业的归母公司净利润在 0 到 5 亿元这一范围。

而在归母净利润增长率方面，属于制造业主营合成纤维的吉林碳谷表现亮眼，达到 563.39%，在这一数据上排名最佳，另外还有 55 家企业的归母净利润增长率为正数。归母公司净利润与归母净利润增长率排名前 10 的企业如表 2–3 所示。

表 2-3　归母公司净利润与归母净利润增长率排名前 10 的企业

排名	归母公司净利润	归母净利润增长率
1	贝特瑞	吉林碳谷
2	连城数控	禾昌聚合
3	同力股份	大地电气
4	颖泰生物	广脉科技
5	长虹能源	连城数控
6	翰博高新	美之高
7	森萱医药	五新隧装
8	吉林碳谷	朱老六
9	新安洁	同享科技
10	海希通讯	驱动力

3. 毛利率和净利率

截至 2021 年 11 月，北交所首批上市企业平均毛利率为 38.76%，中位数为 35.04%。其中诺思兰德毛利率高达 90.48%，排名第一；而属于批发和零售业主营汽车及零配件经销、汽车维修、专业咨询服务的德众汽车毛利率为 9.12%，排在末位，也是唯一一家毛利率在 10% 以下的企业，大多数企业的毛利率在 10% 到 100% 这一范围。

另外，北交所首批上市企业平均净利率为 15.95%，中位数为 15.40%。其中属于制造业主营发动机设备的泰祥股份净利率为 45.44%，排名第一；而诺思兰德净利率为 -48.66%，排在末位，也是唯一一家净利率为负数的企业，大多数企业的净利率在 2% 到 50% 这一范围。平均毛利率与平均净利率排名前 10 的企业如表 2-4 所示。

表 2-4　平均毛利率与平均净利率排名前 10 的企业

排名	平均毛利率	平均净利率
1	诺思兰德	泰祥股份
2	三元基因	通易航天
3	德源药业	国义招标
4	生物谷	海希通讯

（续表）

排名	平均毛利率	平均净利率
5	梓橦宫	驱动力
6	通易航天	同惠电子
7	大唐药业	微创光电
8	永顺生物	观典防务
9	数字人	星辰科技
10	泰祥股份	数字人

四、北交所首批上市企业 IPO 回报

2021 年 11 月 15 日上市当天，这 81 家企业有 4 家市值达到了 100 亿元以上，分别是贝特瑞（911.9 亿元）、连城数控（283 亿元）、吉林碳谷（147.3 亿元）、长虹能源（129.4 亿元），其中贝特瑞表现尤为出色，其 2021 年前三个季度的归母公司净利润与 2020 年同期相比，增长率高达 207.9%。以这个趋势发展下去，贝特瑞很有可能会发展为龙头股。另外，市值在 30 亿元到 100 亿元区间的企业数量有 13 家。而 30 亿元以下的企业有 64 家，为中小盘股，占比接近 80%，如图 2-6 所示。这种情况在一定程度上是由于北交所的上市门槛较低，但确实也符合北交所的战略定位，即服务于创新型中小企业。

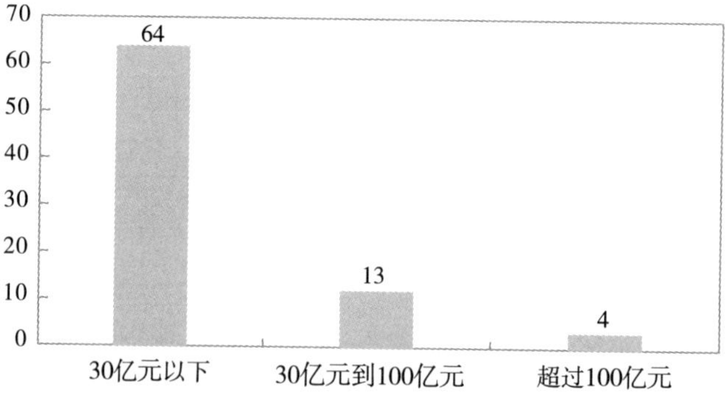

图 2-6　首批北交所上市企业市值分布情况

同时，上市当日这 81 家企业的滚动市盈率（price earnings ratio-trailing twelve months，PE-TTM）为 37 倍，与科创板、创业板相比，这一指标的平均值和中值都比较低，如图 2-7 所示。虽然这 81 家企业的估值相对来说不是很高，但不可否认的是它们仍然有很大的成长空间。随着北交所市场流动性的激活，很快可以进行估值修复。

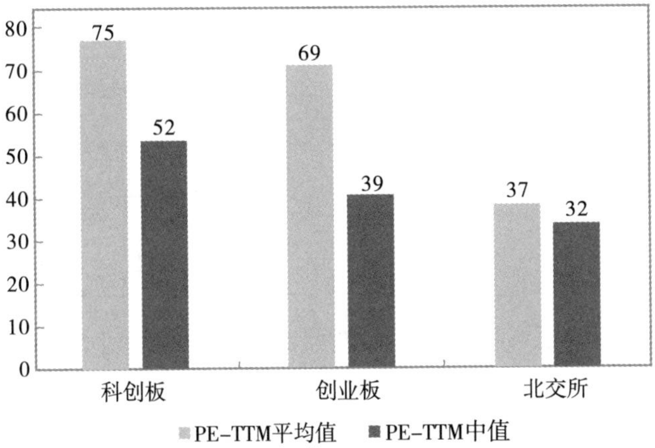

图 2-7　科创板、创业板、北交所上市企业 PE-TTM 对比（剔除负值）

另外，截至 2021 年 11 月，北交所首批上市企业净资产收益率为 14.92%，中位数为 13.25%。其中属于制造业主营合成纤维的吉林碳谷的净资产收益率为 35.82%，排名第一；而诺思兰德的净资产收益率为 -9.12%，排在末位，也是唯一一家净资产收益率为负数的企业，大多数企业的资产收益率在 4% 到 35% 这一范围。

而在投入资本回报率方面，北交所首批上市企业平均投入资本回报率为 15.63%，中位数为 15.11%。其中锦好医疗投入资本回报率为 38.97%，排名第一；而诺思兰德净利率为 -9.8%，排在末位，也是唯一一家投入资本回报率为负数的企业，大多数企业的投入资本回报率在 5% 到 40% 这一范围。净资产收益率与投入资本回报率排名前 10 的企业如表 2-5 所示。

表 2-5　净资产收益率与投入资本回报率排名前 10 的企业

排名	净资产收益率	投入资本回报率
1	吉林碳谷	锦好医疗
2	锦好医疗	广咨国际
3	广咨国际	华维设计
4	同力股份	海希通讯
5	海希通讯	同力股份
6	华维设计	美之高
7	美之高	华阳变速
8	华阳变速	吉林碳谷
9	长虹能源	龙竹科技
10	朱老六	朱老六

再结合前两节的数据可看出，首批北交所上市企业综合表现良好，有不少盈利能力突出、IPO 回报率优秀的企业，整体来说符合创新成长中小企业特征。但不可忽略的是，中小公司还在成长期间，业绩存在较大的波动情况，发展面临的不确定性也比较高，因此建议具体了解企业的各方面与风险后再做出投资决策。

五、北交所真实过会率

截至 2022 年 7 月，在北交所提交首次公开发行股票（IPO）申请的企业达到了 37 家，31 家通过，过会率达到 80% 以上。但实际上，北交所的真实过会率并没有那么乐观。据统计，截至 2022 年 7 月北交所还有 30 家 IPO 终止审查，这样统计出来的过会率差距非常大，如表 2-6 和表 2-7 所示。

表 2-6　北交所名义过会率

通过	被否	暂缓	名义过会率
31	0	6	83.78%

表 2-7　北交所真实过会率

通过	被否	暂缓	终止	真实过会率
31	0	6	30	46.27%

注：真实过会率 = 通过家数 /（通过家数 + 被否家数 + 暂缓家数 + 终止家数）

北交所这个过会率要比 A 股其他板块低很多，确实令人意想不到。毕竟想要申报北交所，企业需要满足一系列条件，要走的流程里就包括挂牌新三板“精选层”满 1 年等，很难想象过会率仍如此之低。那么，造成这种现象的原因有哪些？笔者归纳如下。

1. 中小企业规范性尚且达不到北交所上市要求

北交所将目标放在“更小、更早、更新”和“专精特新”的中小企业上，财务指标最低要求是“预计 2 亿元市值且最近两年净利润均不低于 1500 万元、加权平均净资产收益率平均不低于 8%，或者最近一年净利润不低于 2500 万元且加权平均净资产收益率不低于 8%”。与上交所和深交所相比，对企业诸多方面的要求都明显降低，比如盈利规模；与科创板相比，对企业的行业属性要求更是放宽。以上种种，无一不是对中小企业的重大利好。

但中小企业存在一个非常明显的短板，就是规范性不强，这与其发展晚、规模小、制度不成熟等原因不无关系，而每个交易板块对企业规范性的要求都十分严格，因此这一问题在上市过程中会体现得更明显。与发展早、规模大、制度完善的大企业相比，中小企业在申报北交所时会面临更多困境，比如由于北交所对企业规范性的要求所带来的成本和压力，是许多中小企业当下的人力、资金都难以承受的。

由此可见，中小企业的发展与北交所对企业规范性的要求所带来的成本和压力如何达到一致的水准，是目前需要关注与探讨的问题。

2. 企业自身的创新特征是北交所重点关注的问题，对企业而言挑战不小

《北京证券交易所向不特定合格投资者公开发行股票并上市业务规则适用指引第 1 号》“1-9 行业相关要求”中明确规定：“发行人应当结合行业特点、经营特点、产品用途、业务模式、市场竞争力、技术创新或模式创新、研发投

入与科技成果转化等情况，在招股说明书中充分披露发行人自身的创新特征。保荐机构应当对发行人的创新发展能力进行充分核查，在发行保荐书中说明核查过程、依据和结论意见。”

也就是说，企业自身的创新特征是在北交所上市必不可缺的重要条件。以首批 81 家在北交所上市的企业为例，截至公布名单的前一天，这批企业专利申请总量超过 6600 件，每家企业平均专利申请量大约为 82 件；有效发明专利总量超过 1000 件，平均量大约为 13 件。这些数据足以证明，企业想要在北交所上市，必须具备“创新”这一重要特征，否则极有可能达不到上市要求，这给企业的上市带来了极大的挑战。但这也可以理解，毕竟北交所的定位就是“服务创新型中小企业”，进一步促进经济的高质量发展。

3. 北交所正在逐步形成品牌效应和规模效应，对中小企业不利

截至 2022 年 7 月，共有 136 家企业正在北交所排队，且如果对这些企业的上一年净利润进行调查，可以发现中位数达到了 4211 万元，已上市的企业的这一数字是 4282 万元。另外，在 6 月中旬，更新发行审核状态的企业还是 25 家，但随后的半个月时间内，这一数字变成了 59。

从以上数据可以了解到，北交所得到了越来越多企业的青睐，随之而来的是筛选出优质企业，最后逐步形成品牌效应和规模效应，而这对于部分企业造成的不利影响属实不小。由此可见，虽然北交所在一定程度上确实降低了企业发行上市的门槛，但想要在这一板块成功上市，仍然需要具备一定的实力。因此中小企业应该不断提升自己的硬实力，让自己在面对北交所的筛选时具备足够的底气。

4. 财务披露是北交所重点关注的问题，也是大多数企业存在的问题

对处于暂缓阶段或者已经终止的企业进行研究，可以发现它们都存在一些共同现象：其披露的财务信息的真实性、合理性或多或少都存在问题，而这一点恰恰是很多企业的痛点，也是在北交所上市必然会被重点审核的条件。因此，重视财务披露，规范财务数据，保证其真实与合理，是企业的必然选择。

按照《北京证券交易所上市公司证券发行上市审核规则（试行）》规定：

“若上市公司存在尚待核实事项无法形成审议意见的，可暂缓审议。”根据北交所官网披露的数据显示，截至 2022 年 7 月，还没有出现被否决的企业，暂缓审议的则有 6 家。

当然，暂缓审议不代表没有机会，一个项目可以暂缓一次，时间在 2 个月内。企业只要把握好这个时间，根据北交所相关规则认真落实，把相关事项核查并清晰披露出来，顺利上市就不会是问题。综上所述，暂缓审议其实也是企业提升自己硬实力的一个机会。

第三章　北交所发行上市基本程序

一、北交所发行上市条件

2021年10月30日，北交所发布了《北京证券交易所股票上市规则（试行）》（下称《上市规则》），根据条款内容，我们对北交所发行上市的主要条件进行总结，如表3–1所示。

表3–1　北交所IPO主要条件总结

北交所首次公开发行股票	
一、一般条件	
负面清单	属于下列行业的企业，不支持其审报在北交所发行上市： （1）发行人属于金融业企业（含类金融企业）的 （2）发行人属于房地产业企业的 （3）发行人属于产能过剩行业（产能过剩行业的认定以国务院主管部门的规定为准）、《产业结构调整指导目录》中规定的淘汰类行业（范围比较广） （4）从事学前教育、学科类培训等业务的企业
主体资格	发行人应当为在全国股转系统连续挂牌满12个月的创新层挂牌公司。 “连续挂牌满12个月”的理解： （1）“12个月”指“12个自然月”，不是指“一个完整会计年度” （2）“12个月”指“挂牌以来的累计时间，即基础层挂牌时间+创新层挂牌时间”，不是指“创新层挂牌时间”
公司治理条件	（1）发行人“申报时”的董事（独立董事除外）、监事、高管人员（包括董事会秘书和财务负责人）应符合《上市规则》规定的任职要求，并符合北交所上市公司董事兼任高管人员的人数比例（兼任高管人员的董事和由职工代表担任的董事，人数总计不得超过董事总数的1/2）、董事或高管人员的配偶和直系亲属不得兼任监事的要求

（续表）

公司治理条件	（2）在上市委员会审议之前，发行人独立董事的设置应当符合北交所上市公司独立董事的相关规定，即董事会成员中应当至少包括 1/3 独立董事，其中一名应当为会计专业人士 （3）发行人具有表决权差异安排的，该安排应当平稳运行至少一个完整会计年度（不是“12 个月”）
财务会计	（1）发行人应当具有持续经营能力，财务状况良好 （2）发行人最近 3 年财务报告无虚假记载，被出具无保留意见审计报告（非无保留意见属于绝对禁止事项）
经营稳定性条件	（1）发行人最近 24 个月内主营业务未发生重大变化 （2）最近 12 个月内曾实施重大资产重组的，在重组实施前发行人应当符合正述“市值及财务指标条件”四套标准之一（市值除外） （3）控股股东和受控股股东、实际控制人支配的股东所持发行人的股份权属清晰，发行人最近 24 个月内实际控制人未发生变更 （4）发行人最近 24 个月内董事、高管人员（不含监事、核心技术人员）未发生重大不利变化
业务完整条件	（1）发行人业务、资产、人员、财务、机构独立 （2）发行人与控股股东、实际控制人及其控制的其他企业间不存在对发行人构成重大不利影响的同业竞争（判断标准同科创板与创业板），不存在严重影响发行人独立性或者显失公平的关联交易 （3）对发行人主要业务有重大影响的土地使用权、房屋所有权、生产设备、专利、商标和著作权等不存在对发行人持续经营能力构成重大不利影响的权属纠纷
其他资本运作禁止并行条件	发行人不存在尚未实施完毕的股票发行、重大资产重组、可转债发行、收购、股票回购等情形
公开承诺条件	发行人及其控股股东或实际控制人曾出具公开承诺的，最近 12 个月内不得存在违反公开承诺的情形
规范运作条件（负面清单）	申请公开发行股票并在北交所上市，不得存在下列情形。 （1）刑事犯罪或重大违法行为：最近 36 个月内，发行人及其控股股东、实际控制人，存在贪污、贿赂、侵占财产、挪用财产或者破坏社会主义市场经济秩序的刑事犯罪，存在欺诈发行、重大信息披露违法或者其他涉及国家安全、公共安全、生态安全、生产安全、公众健康安全等领域的重大违法行为 （2）行政处罚或公开谴责：最近 12 个月内，发行人及其控股股东，实际控制人，董事、监事、高级管理人员（简称“董监高”）受到证监会及其派出机构行政处罚，或因证券市场违法违规行为受到全国股转公司、证券交易所等自律监管机构公开谴责 （3）正被立案侦查或立案调查：发行人或其控股股东、实际控制人、董监高因涉嫌犯罪正被司法机关立案侦查或涉嫌违法违规正被证监会及其派出机构立案调查，尚未有明确结论意见

（续表）

规范运作条件（负面清单）	（4）失信被执行人名单：发行人或其控股股东、实际控制人被列入失信被执行人名单且情形尚未消除 （5）未按期披露定期报告：最近 36 个月内，未在每个会计年度结束之日起 4 个月内编制并披露年度报告，或者未在每个会计年度的上半年结束之日起 2 个月内编制并披露半年度报告 （6）重大不利影响或利益受损情形：证监会和北交所规定的，对发行人经营稳定性、直接面向市场独立持续经营的能力具有重大不利影响，或者存在发行人利益受到损害等其他情形
二、上市条件	
净资产	最近一年期末（不是“最近一期末”）净资产不低于 5000 万元
发行股份数量	发行股份不少于 100 万股
发行对象数量	发行对象不少于 100 人
股本总额	公开发行后公司股本总额不少于 3000 万元
股东人数	公开发行后，公司股东人数不少于 200 人
公众股东持股比例	公众股东持股比例不低于公司股本总额的 25%；公司股本总额超过 4 亿元的，公众股东持股比例不低于公司股本总额 10% 【解释】沪深交易所规定：“公开发行的股份达到公司股份总数的 25% 以上；公司股本总额超过 4 亿元的，公开发行股份的比例为 10% 以上。”由此可以看出，北交所与沪深交易所有本质区别，主要表现在 10%、25% 两个比例的计算口径上：对于分母计算口径，沪深京交易所均是“发行后的股本总额”；对于分子计算口径，沪深交易所是“本次公开发行股份”，北交所则是“发行后公众股东所持股份”，所称“公众股东”是指除以下股东之外的发行人股东： （1）持有发行人 10% 以上股份的股东及其一致行动人 （2）发行人董监高及其关系密切的家庭成员，发行人董监高直接或间接控制的法人或其他组织
三、市值及财务指标 北交所不支持红筹企业上市，且不区分发行人是否具有表决权差异安排	
标准一	预计市值不低于 2 亿元 （1）最近两年净利润均不低于 1500 万元且加权平均净资产收益率平均不低于 8% （2）最近一年净利润不低于 2500 万元且加权平均净资产收益率不低于 8%。 注：这两项条件是“或”的关系，满足其中任何一个条件就可以

（续表）

标准二	预计市值：不低于 4 亿元 营业收入：最近两年营业收入平均不低于 1 亿元，且最近一年营业收入增长率不低于 30% 经营活动现金流：最近一年经营活动产生的现金流量净额为正
标准三	预计市值：不低于 8 亿元 营业收入：最近一年营业收入不低于 2 亿元 研发投入：最近两年研发投入合计占最近两年营业收入合计比例不低于 8%
标准四	预计市值：预计市值不低于 15 亿元 研发投入：最近两年研发投入不低于 5000 万元

二、北交所与其他板块发行上市条件对比

随着注册制不断推进落实，目前只有上交所主板、深交所主板使用的审核方式仍然是核准制，北交所、创业板及科创板都已开始使用注册制，如表 3-2 所示。

表 3-2　各板块股票发行方式

上市板块	上市地	审核方式	审核机构	上会	核准 / 注册
上交所主板	上海	核准制	中国证监会发行监管部	证监会发审委	证监会核准
深交所主板	深圳	核准制	中国证监会发行监管部	证监会发审委	证监会核准
上交所科创板	上海	注册制	上交所科创板上市审核中心	科创板上市委	证监会注册
深交所创业板	深圳	注册制	深交所	创业板上市委	证监会注册
北交所	北京	注册制	北交所	北交所上市委	证监会注册

这几个板块的定位各不相同，每个板块都有自己独特、明确的定位，在这样的背景下，各板块之间互补互助，错位发展，实现了我国资本市场的多元化格局。在目标企业、发展阶段、行业定位及门槛等几个方面，板块之间各有不同的要求，具体如表 3-3 所示。

表 3-3　各板块在多个方面的要求

项目	主板（上交所、深交所）	科创板	创业板	北交所
目标企业	稳定增长	硬科技	创新型	创新型中小企业
发展阶段	成熟期	成长期	成长期	成长期
行业定位	成熟行业	战略新兴产业	三创四新	重点支持先进制造业和现代服务业等领域
门槛	较高	中高	中	中低

在行业定位上，主板聚焦于成熟行业，这些行业的企业大多数都能实现稳定增长。科创板聚焦于战略新兴产业，也就是所谓的“科创”行业，这些行业的企业大多数都拥有非常优秀的科创能力，通常拥有自己的核心技术，与国家战略发展高度相符，同时具备较高的市场认可度。其中，最具代表性的行业主要包括：通信业、计算机业、电子设备制造业、软件和信息技术服务业、专用设备制造业等。创业板聚焦于“三创四新”，也就是“创新”行业，其中“三创”指“创新、创意、创造”，“四新”指“新技术、新产业、新业态、新模式”，这些行业的企业大多拥有非常优秀的成长性，属于传统产业升级的新旧融合产业。北交所聚焦于创新型中小企业，致力于为中小企业提供良好的金融服务，重点为现代服务业、先进制造业等提供金融服务，推动中小企业的发展。各板块行业定位如表 3-4 所示。

表 3-4　各板块行业定位

项目	主板（上交所、深交所）	科创板	创业板	北交所
行业要求	传统成熟企业	新一代信息技术领域、高端装备领域、新材料领域、节能环保领域、生物医药领域及符合科创板定位的其他领域符合“4+5”科创属性评价指标的企业	“三创四新”要求，即符合“创新、创造、创意”的大趋势，或者是传统行业与“新技术、新产业、新业态、新模式”深度融合	“专精特新”要求，即专业化、精细化、特色化、新颖化

（续表）

项目	主板（上交所、深交所）	科创板	创业板	北交所
负面清单	主板上市条件中未明确指出负面清单，但在实务中产能过剩行业或《产业结构调整指导目录》中规定的限制类、淘汰类行业、房地产开发行业的企业原则上不能在主板申报上市	金融科技、模式创新企业、房地产和从事金融、投资类业务的企业	原则上不支持其申报在创业板发行上市，但与互联网、大数据、云计算、自动化、人工智能、新能源等新技术、新产业、新业态、新模式深度融合的创新创业企业除外： （一）农林牧渔业 （二）采矿业 （三）酒、饮料和精制茶制造业 （四）纺织业 （五）黑色金属冶炼和压延加工业 （六）电力、热力、燃气及水生产和供应业 （七）建筑业 （八）交通运输、仓储和邮政业 （九）住宿和餐饮业 （十）金融业 （十一）房地产业 （十二）居民服务、修理和其他服务业	金融业、房地产业不允许在北交所挂牌上市；不得属于产能过剩行业或淘汰类行业；不得从事学前教育、学科类培训等业务的企业

在财务指标方面，各板块的要求也各不相同，其中，主板对于财务指标的要求较为单一，且属于硬性要求，必须满足条件才可在主板上市。创业板、科创板及北交所则根据自身的定位以及企业发展情况、企业类型等因素，制定了多套不同的财务指标标准，只要满足其一，即可上市，如表 3-5 所示。

表 3–5　各板块对财务指标的要求

上市标准	主板 （上交所、深交所）	科创板	创业板	北交所
市值 + 净利润市值 + 净利润 + 收入	1. 最近 3 个会计年度净利润均为正且累计超过 3000 万元 2. 最近 3 个会计年度经营活动产生的现金流净额累计超过 5000 万元，或者最近 3 个会计年度营业收入累计超过 3 亿元	市值≥ 10 亿元，最近 2 年净利润均为正，累计净利润≥ 5000 万元	最近 2 年净利润为正，累计净利润≥ 5000 万元	市值≥ 2 亿元，最近两年净利润均≥ 1500 万元，加权平均 ROE 平均≥ 8%
		市值≥ 10 亿元，最近一年净利润为正，营业收入≥ 1 亿元	市值≥ 10 亿元，最近一年净利润为正，营业收入≥ 1 亿元	市值≥ 2 亿元，最近一年净利润均≥ 2500 万元，加权平均 ROE 平均≥ 8%
市值 + 收入 + 研发投入	—	市值≥ 15 亿元，最近一年营业收入≥ 2 亿元，最近三年累计研发投入占最近三年累计营业收入的比例≥ 15%	—	市值≥ 8 亿元，最近一年营业收入≥ 2 亿元，最近两年研发投入合计占最近两年营业收入合计的比例≥ 8%
市值 + 收入 + 经营活动现金流	—	市值≥ 20 亿元，最近一年营业收入≥ 3 亿元，最近三年经营活动产生的现金流量净额累计≥ 1 亿元	—	市值≥ 4 亿元，最近两年营业收入平均≥ 1 亿元，最近一年营业收入增长率≥ 30%，最近三年经营活动产生的现金流量净额为正
市值 + 收入	—	市值≥ 30 亿元，最近一年营业收入≥ 3 亿元	市值≥ 50 亿元，最近一年营业收入≥ 3 亿元	—
市值 + 技术优势（研发投入）	—	市值≥ 40 亿元，符合科创板定位需具备的技术优势或条件	—	市值≥ 15 亿元，最近两年研发投入合计≥ 5000 万元

这里以盈利指标为例，在盈利指标上，创业板、科创板及北交所都制定了两套不同的标准，区别在于：北交所两套标准都对净利润有着明确的数值要求，而创业板及科创板只有其中一套标准对净利润有明确的要求。在上市条

件上，科创板和北交所的要求一致，都是通过市值进行划分，科创板要求市值最低为 10 亿元，而北交所要求的市值为 2 亿元到 15 亿元，相比之下，北交所对于企业的市值硬性要求并不算高。在净利润、收入等方面，科创板和创业板的要求都高于北交所。除此之外，北交所和科创板都提出了一个新的“研发投入”指标，而创业板并没有这一指标，只要企业满足“市值 + 研发投入 + 收入”的要求，就能够在北交所和科创板申请上市。根据上述内容我们能够发现，北交所和科创板对于尚未盈利的企业更为友好。

实施了注册制的审核方式后，在审核时限上，创业板和科创板的要求为 6 个月内，深交所和上交所的要求为，在收到申请文件的 5 个工作日内完成是否受理的决定，如决定受理，那么从受理当天开始到 20 个工作日结束为止，在这段时间内审核机构可以进行审核问询，审核问询不限次数，但审核加上证监会注册的整个流程需在 3 个月内完成，如表 3–6 所示。

表 3–6　各板块审核时限

项目	科创板	创业板	北交所
审核时限	6 个月	6 个月	2 个月+20 个工作日

通常情况下，企业回复问询时间为 7 日，如遇特殊情况，企业可申请延期回复，最长不超过 3 个月。审核结束后，交易所会向证监会提出注册申请，证监会需在收到申请文件后的 20 个工作日内做出是否同意注册的决定。不得不提的是，北交所对申请上市的条件还有一条，那就是必须在全国股转系统连续挂牌满 12 个月且身处创新层，如不满足这一条件，那么就无法进行申请，且北交所的审核时限为 2 个月，审核通过后，发行人将注册材料提交至证监会，证监会需在 20 个工作日内决定是否同意注册。

对于发行人的要求，主板、科创板、创业板要求一致，应是依法设立且合法存续的股份有限公司，持续经营年限在 3 年以上，如果发行人是股份有限公司，但属于有限责任公司按原账面净资产值折股整体变更的，那么其经营年限可以从有限责任公司成立之日起计算。北交所的要求为：在全国股转系统连续挂牌满 12 个月的创新层挂牌公司。各板块对发行人的要求如表 3–7 所示。

表 3-7 各板块对发行人的要求

项目	主板（上交所、深交所）	科创板	创业板	北交所
经营年限	自股份有限公司成立后，持续经营时间应当在 3 年以上；有限责任公司按原账面净资产值折股整体变更为股份有限公司的，持续经营时间可以从有限责任公司成立之日起计算			在全国股转系统连续挂牌满 12 个月的创新层挂牌公司
净资产	未有明确规定			最近一年期末净资产≥ 5000 万元

在股本总额上，上交所主板及深交所主板要求为 5000 万元以上，科创板、创业板及北交所的要求均为 3000 万元以上。除此之外，各板块对于公开发行股份的要求均为股份总数的 25%，如股本总额高于 4 亿元，那么公开发行股份应占股份总数的 10% 以上。在人数方面，除北交所外，其他板块都没有要求，北交所对于股东人数的要求为不少于 200 人，如表 3-8 所示。

表 3-8 各板块对股本的要求

项目	主板（上交所、深交所）	科创板	创业板	北交所
股本	发行前股东总额≥ 3000 万元发行后股本总额≥ 5000 万元	发行后股本总额≥ 3000 万元		
公开发行比例	发行后股本总额≤ 4 亿元，公开发行比例须≥ 25% 发行后股本总额 >4 亿元，公开发行比例须≥ 10%			发行后股本总额≤ 4 亿元，公开发行比例须≥ 25% 发行后股本总额 >4 亿元，公开发行比例须≥ 10% 公开发行股份不少于 100 万股，发行对象不少于 100 人，发行后股东人数不少于 200 人

独立性主要是指发行人的人员独立、资产完整、机构独立、财务独立、业务独立，且企业与实际控制人、控股股东等相关主体之间不得具备构成重大不利影响的同业竞争，同时也不得具备严重影响独立性的关联交易。各板块对于独立性的要求如表 3-9 至表 3-11 所示。

表 3-9 各板块对同业竞争的要求

项目	主板（上交所、深交所）	科创板	创业板	北交所
同业竞争	申报之前必须清理	30% 容忍度	30% 容忍度	不存在对发行人构成重大不利影响的同业竞争

表 3-10　各板块对关联交易的要求

项目	主板（上交所、深交所）	科创板	创业板	北交所
关联交易	比例较高（比例达到 30%）的，需要充分论证影响	参考主板	参考主板	控制在合理范围；不存在严重影响发行人独立性或者显失公平的关联交易

表 3-11　各板块其他独立性要求

项目	主板（上交所、深交所）	科创板	创业板	北交所
与董监高、自然人股东合营	核查真实性、合法性、必要性及公允性，审慎发表意见			
租赁关联方土地房地产	核查真实性、合法性、必要性及公允性、审慎发表意见			参考主板、科创板、创业板
高管或财务人员兼职	禁止高管在关联单位担任除董事、监事以外的其他行政职务，禁止财务人员兼职			参考主板、科创板、创业板

如果企业想要进行上市申请，那么关键之处在于必须做好上市前期的规范工作，其中财务规范是重中之重，从本质上来讲，财务规范是上市的入场券，如果财务规范没做好，那么其他地方做得再好也没有用。财务不规范造成的影响主要包括：直接导致企业上市失败、因规范整改而导致企业上市成本大幅度提高，影响上市进程。在上市过程中，交易所对于财务规范的核查如表 3-12 所示。

表 3-12　交易所对于财务规范的核查

项目	主板（上交所、深交所）	科创板	创业板	北交所
现金交易	充分核查必要性、合理性、关联关系、收入成本确认依据、内控制度与可验证性			
个人卡	辅导期间规范纠正，建立内控制度，充分核查整改情况、合法合规性、交易的可验证性			
资金流水核查	核查发行人与控股股东、实际控制人、发行人主要关联方、董事、监事、高管、关键岗位人员等开立或控制的银行账户资金流水，以及与上述银行账户发生异常往来的发行人关联方及员工开立或控制的银行账户资金流水			除核查发行人、实际控制人及近亲属、主要关联方、董监高、财务人员、关键岗位人员外，还需要核查董监高的近亲属、销售人员、采购人员、重要客户与供应商等

（续表）

项目	主板 （上交所、深交所）	科创板	创业板	北交所
第三方回款	充分核查必要性、合理性、关联关系、收入成本确认依据、内控制度与可验证性，内销业务通常不应通过关联方或第三方代收货款	充分核查必要性、合理性、关联关系、收入成本确认依据、内控制度与可验证性，内销业务通常不应通过关联方或第三方代收货款；最近一期应在15%以内	充分核查必要性、合理性、关联关系、收入成本确认依据、内控制度与可验证性，内销业务通常不应通过关联方或第三方代收货款	充分核查必要性、合理性、关联关系、与收入勾稽及可验证性等
境外销售	重点关注业务开展情况、资质、资金流动、海关数据、关联关系等			
经销商	充分核查收入确认原则、同行业对比、内控制度、关联关系、终端销售等			
研发投入	充分核查研发费用归集、资本化、内控制度等，并增加合作研发项目核查		重点核查研发费用资本化	充分核查研发费用归集、资本化、内控制度等，并增加合作研发项目核查

由此可见，北交所与其他板块的区别在于，拓展了资金流水的核查范围，董监高的近亲属、销售人员、采购人员、重要客户与供应商等都在核查的范围内。

在稳定性要求上，北交所、科创板及创业板保持一致：在24个月的时间里，企业的主营业务、董事、高级管理人员都不得存在重大不利变化；实际控制人不得存在变化；控股股东及受实际控制人、控股股东支配的股东所持的股份权属清晰，不得存在会引起控制权变化的重大权属纠纷。而上交所主板和深交所主板要求的时间为36个月，其他要求均保持一致，如表3-13所示。

表3-13 各板块对稳定性的要求

项目	主板 （上交所、深交所）	科创板	创业板	北交所
主营业务	36个月	24个月	24个月	24个月，近12个月重组的，重组前应符合准入标准之一（市值除外）

（续表）

项目	主板（上交所、深交所）	科创板	创业板	北交所
董事	36个月	24个月	24个月	24个月
高管	36个月	24个月	24个月	24个月
实际控制人	36个月	24个月	24个月	24个月

三、北交所发行上市基本申请流程

北交所于2022年11月15日成立满一年，北交所成立后，上市的企业总数达到了120多家，但其中有71家企业属于精选层平移北交所上市，这也就意味着，实际上只有50多家企业是在北交所申请上市的。而根据2022年1月到10月的公开数据显示，创业板上市企业数量为120多家，科创板上市企业数量为100多家，相比之下，北交所仍需努力。

之所以出现这种情况，关键因素在于：想要在北交所申请上市，前提条件为在新三板创新层挂牌满一年。这一硬性条件限制了绝大多数企业想要在北交所上市的念头。相信一两年后，北交所上市企业的数量会有显著增加。

北交所实行的审核方式为注册制，与创业板、科创板保持一致。虽然大家实行的都是注册制，但在上市流程上，三者之间还是有一定区别的，三者的共同之处在于：上市流程都分为三个部分，分别是申报前准备、审核与注册、发行与上市。其中，审核与注册流程又包含四个细分流程，分别是申请与受理、问询与回复、上市委员会审议、证监会报送。而不同之处在于，在排队期限上，北交所要求的时间更短。下面我们来介绍在北交所上市的具体流程及排队期限。

1. 北交所上市流程

（1）召开董事会。

根据《北京证券交易所向不特定合格投资者公开发行股票并上市业务办

理指南第 1 号——申报与审核》(下称《上市业务指南 1 号》) 第六条的规定，在申报前，发行人董事会应当依法就公开发行股票并上市的具体方案、募集资金使用的可行性及其他必须明确的事项作出决议，并提请股东大会批准。

审议后 2 个交易日内，挂牌公司需要披露董事会决议、股东大会通知等事项。

监事会需要就董事会提出的上市方案提出书面审核意见。

（2）召开股东大会。

根据《北京证券交易所向不特定合格投资者公开发行股票注册管理办法（试行）》(下称《注册管理办法》) 第十三条的规定，发行人股东大会需要就发行数量、发行价格（区间）或发行底价、募集资金用途、董事会授权等八类事项进行审议。并经由出席股东所持表决权 2/3 上通过作出决议。

发行人需要提供网络投票方式，并对出席的持股未达到 5% 的中小股东表决情况单独计票并披露。

审议事项决议后 2 个交易日内，发行人需要披露股东大会决议等公告。

（3）特别注意事项。

发行人应当在董事会决议披露之日起 10 个交易日内，提交内幕信息知情人报备文件，其中包括相关人员买卖发行人股票的自查报告。自查期间为首次披露公开发行股票并上市事项的前 6 个月至董事会决议披露之日。

控股股东、实际控制人及其亲属、可控制 10% 以上表决权的股东，以及董监高人员，需要向股转公司办理限售。限售期间自股权登记日次日起至完成股票发行并上市之日。

控股股东、实际控制人、董监高人员应当遵守敏感期交易的规定，在规定的期限内不得买卖公司股票。

2. 审核与注册（见图 3-1）

（1）申请与受理。

《上市业务指南 1 号》第三章中明确规定，发行人完成了申报前准备这一流程后，接下来要做的，就是聘请保荐人，由保荐机构在北交所审核系统上进行发行上市申请。北交所在收到申请后 5 个工作日内，对上市申请文件完成审核并作出是否进行受理的通知。

如决定进行受理，那么在受理当天，北交所将会在网站上披露发行人的发行保荐书、招股说明书、法律意见书、上市保荐书、财务报告及审计报告等相关文件。

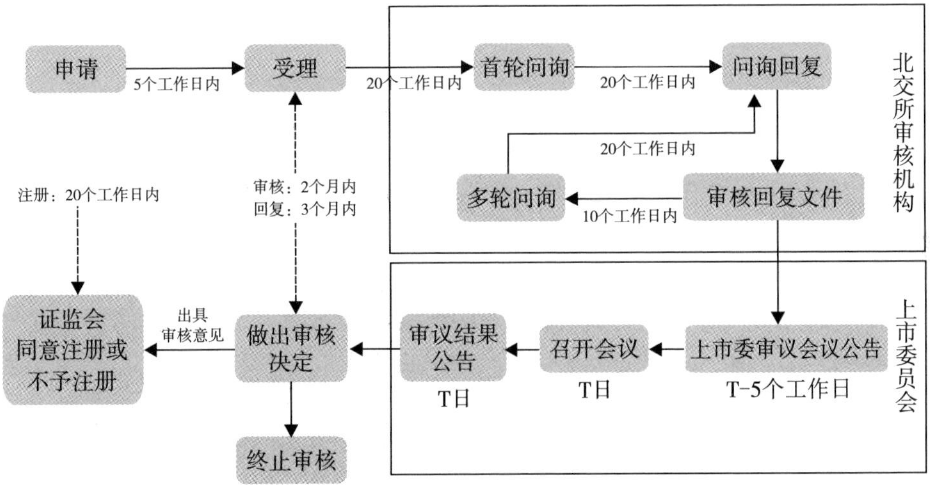

图 3-1　审核与注册流程

发行人在提交申请当天的次 1 交易日前应进行股票停牌。另外，北交所在对申请文件进行受理后的 10 个工作日内，保荐机构需要在审核系统上将验证版的招股说明书进行上报。

（2）问询与回复。

《上市业务指南 1 号》第四章中明确规定，北交所应在同意受理后的 20 个工作日内，在审核系统上对发行人进行第一次问询。

发行人收到问询函后，应由保荐机构主导，证券服务机构、发行人配合共同对问询事项中的内容进行落实和核查，并在收到问询函后的 20 个工作日内完成回复。如确因特殊情况，无法在规定时间内完成回复，那么保荐机构需要结合实际情况，在审核系统上提交延期回复申请，原则上延期时间不得超过 20 个工作日。

北交所收到回复后，在10个工作日内可以再次进行审核问询，如有需要，有权要求发行人的实际控制人、控股股东、董监高及证券服务机构、保荐机构等相关人员进行当面问询。

（3）上市委员会审议。

《北京证券交易所上市委员会管理细则》中明确规定，拟上市公司及保荐机构需要在召开审议会议日的前5个工作日，完成审议会召开时间、拟参会委员会名单及拟审议发行人名单等相关文件的披露。

《上市业务指南1号》中明确规定，在上市委员会审议会议召开的前2个工作日之前，保荐机构需要在审核系统上完成对现场问询问题清单的查询。在审议的过程中，如果存在待核实事项无法提出审议意见，那么可以申请暂缓审议，暂缓时间不得超过2个月。相同事项只有1次申请暂缓审议的机会。

审议结束后，北交所对会议结果进行公告，保荐机构也能够在审核系统上对会议结果进行查询，另外，保荐机构还需要在审议结束后的10个工作日内，将更新后的验证版招股说明书上传至审核系统中。北交所需要在审议结束后，根据上市委员会提出的审议意见，针对发行人是否满足上市条件、是否满足发行条件及是否按要求进行信息披露等方面出具审核意见书，最终作出是否通过审核的决定。审核决定会发布在审核系统中，由保荐机构进行查询。

最后，《北京证券交易所向不特定合格投资者公开发行股票并上市审核规则（试行）》（下称《上市审核规则》）中第三十八条明确规定，北交所应当自受理注册申请文件之日起2个月内形成审核意见，发行人及其保荐机构、证券服务机构回复审核问询的时间不计算在内，但回复时限总计不超过3个月。同时，中止审核、请示有权机关、落实上市委员会意见、暂缓审议、处理会后事项、实施现场检查、实施现场督导、要求进行专项核查，并要求发行人补充、修改申请文件等情形，不计算在前款规定的时限内。

（4）向证监会报送。

《上市业务指南1号》中第三十五条规定明确提出，北交所出具审核通过意见书后，需要将审核意见、审核资料及申请文件上报至中国证监会，并及时完成招股说明书等信息的披露。

《上市审核规则》中第三十九条规定明确提出，证监会收到相关文件后，如需对发行人进行进一步问询，那么应由北交所将问询函转交给发行人、保荐机构、证券服务机构，问询的回复也应由北交所上报至证监会。如证监会认为审核意见存在问题，那么应由北交所再次对存在问题的相关事项进行二次审核，同时还需要二次召开上市委员会审议会议。

如证监会作出同意注册的决定，那么发行人在收到通知后，需要及时完成招股说明书、招股意向书等文件的信息披露，及时完成发行价格的确定，并在确定发行价格的后5个工作日内，将招股说明书披露至北交所网站。一般情况下，招股说明书中引用的财务报表有效期为6个月，如有需要，可结合实际情况申请延期，延期时间不得超过3个月。

最后，《注册管理办法》第二十三条规定明确提出，证监会需要在收到注册申请的20个工作日作出是否同意注册的决定，但要求保荐人和证券服务机构对相关事项进行核查，要求北交所进一步问询，要求发行人对申请文件进行补充，修改的时间不包括在这20个工作日内。

3. 发行与上市

《注册管理办法》中明确规定，证监会作出的同意注册决定有效期为1年，在这1年的时间里，发行人需要完成股票的发行，具体的发行时间没有明确规定，可由发行人自主选择。

如北交所在审核过程中发现发行人不符合信息披露的要求或是不满足发行条件，作出终止审核的决定，或证监会作出不予注册的决定，那么发行人再次提出上市申请的时间应晚于决定作出之日的6个月后。

最后，《北京证券交易所向不特定合格投资者公开发行股票并上市业务办理指南第2号——发行与上市》（下称《上市业务指南2号》）和《北京证券交易所股票向不特定合格投资者公开发行与承销业务实施细则》这两份文件中规定，发行人在收到中国证监会同意注册的决定后，发行人需要及时与承销商完成发行与承销方案，确定定价方式，并由发行人及主承销商上报至北交所。

四、四套财务标准的选择

北交所结合自身定位及企业的实际情况，制定了四套不同的财务标准。根据《上市规则》的内容，企业在北交所上市需要满足下列标准中的一项（四选一），四套指标的详细内容如表 3–14 所示。

表 3–14 北交所四套财务标准

标准一 （盈利性）	市值≥ 2 亿元 最近两年净利润均≥ 1500 万元，且加权平均净资产收益率≥ 8% 或者最近一年净利润≥ 2500 万元，且加权平均净资产收益率≥ 8%
标准二 （成长性）	市值≥ 4 亿元 最近两年营业收入平均≥ 1 亿元，且最近一年营业收入增长率≥ 30%，最近一年经营活动产生的现金流量净额为正
标准三 （研发成果产业化）	市值≥ 8 亿元 最近一年营业收入≥ 2 亿元，最近两年研发投入合计占最近两年营业收入合计比例≥ 8%
标准四 （研发能力）	市值≥ 15 亿元 最近两年研发投入合计≥ 5000 万元

接下来，我们看一下北交所的上市企业都选择了哪一套标准。截至 2022 年 6 月，北交所上市企业数量为 93 家，其中使用标准一的企业数量为 88 家，占比约为 95%。之所以会有这么多家企业选择标准一，关键因素在于这一套标准对于市值的要求并不高，对净利润的要求也不高，适合处于发展期的企业。在评估企业时，绝大多数券商会以利润作为判断的标准，通常情况下，最后一年申报期净利润在 3000 万元左右的企业才能够通过券商的评估，因为在审核过程中，不同的审核员对于政策的把握尺度也是不同的，如果恰好卡在发行条件上，有可能会无法通过审核，因此必须留有一定余地。

使用标准二的企业数量为 2 家，分别是旭杰科技和吉林碳谷，企业简介如表 3–15 所示。之所以选用标准二，是因为这两家企业都是高新行业，净利润高，增长快。旭杰科技所属行业为装配式建筑相关行业，最后一年申报期收入与上一年收入相比翻了一倍，且该行业拥有非常不错的发展前景；吉林碳谷所属行业为碳纤维行业，最后一年申报期的上半年，利润就突破了4000万元。

表3-15 使用标准二的企业简介

公司	上市（精选层）日期	主营业务	2020年营业收入（万元）	2020年净利润（万元）
吉林碳谷	2021/08/31	主要从事聚丙烯腈基碳纤维原丝的研发、生产和销售。在国内是首家采用三元水相悬浮聚合两步法生产碳纤维聚合物、DMAC为溶剂湿法生产碳纤维原丝的企业，所属行业是国家重点支持发展的战略新兴产业中的碳纤维行业	110240.14	13923.75
旭杰科技	2020/07/27	主营业务为建筑装配化的研发与设计咨询、相关预制部品的生产与销售、施工安装以及工程总承包。公司是江苏省建筑产业现代化示范基地、国家高新技术企业	34930.58	2122.38

使用标准三的企业数量仅为1家，该企业为创远仪器。之所以选用标准三，是因为该企业的研发投入非常高，而且成功将研发成果转化为了营业收入。根据创远仪器的上市申请材料我们可以看到，在2020年时，创远仪器的研发投入占营业收入的64.83%，扣非净利润为2000万元，在2019年时，创远仪器的研发投入占营业收入的38.45%，扣非净利润为1200万元。这一数据充分说明了企业在研发上投入了大量的资金，拥有非常广阔的发展空间和未来较强的盈利能力。该企业简介如表3-16所示。

表3-16 使用标准三的企业简介

公司	上市（精选层）日期	主营业务	2020年营业收入（万元）	2020年净利润（万元）
创远仪器	2020/07/27	自主研发射频通信测试仪器和提供整体测试解决方案。公司重点专注于无线通信网络运营测试、无线电监测和北斗导航测试、无线通信智能制造测试等三个方向，是我国高端无线通信测试仪器行业的代表性企业	30450.10	4817.35

使用标准四的企业为2家，分别是连城数控和诺思兰德。这两家企业的共同点是，都属于新兴行业，都拥有极高的研发投入，且都获得过知名投资机构的投资，估值也非常高，但营业收入及利润都处于一个较低的水平，即便如

此，企业未来的发展空间仍然得到了许多投资者的认可。需要强调的是，连城数控其实同样满足标准一，但选择了使用标准四进行上市，业内人士认为此举一方面是为了展示自己的高市值，另一方面是为了体现北交所上市标准的多样化。企业简介如表 3–17 所示。

表 3–17　使用标准四的企业简介

公司	上市（精选层）日期	主营业务	2020 年营业收入（万元）	2020 年净利润（万元）
诺思兰德	2020/11/24	以开发治疗用生物制品为主的研发型高科技企业，已建立基因载体、动物细胞培养、原核细胞培养和生物大分子纯化四个关键技术平台，实现了研发、生产、销售一体化，具备了药品营收能力	4143.86	–2016.47
连城数控	2020/07/27	全球领先的光伏与半导体设备制造商。从晶体生长、切磨加工到光伏电池工艺，为光伏事业提供全产业链的设备和自动化全方位的服务	185499.91	37258.83

通过上述内容，我们可以了解到如下信息。

第一，使用标准一的企业数量最多，已经说明了其属于普适标准。只要利润符合条件，都能够使用标准一提出上市申请。而另外的三套标准则具有针对性，并不适用于绝大多数企业，对行业的门槛要求相对较高，且这一门槛仍在不断提高。

第二，标准二适用于处于发展中期的企业，在这个阶段，企业的产品基本定型，接下来要做的就是进行全面推广。这一阶段的企业通常前期营销费用、持续研发支出都非常高，想要完成上市，需要向市场证明自己的营业收入仍在不断上涨，且利润受到了研发投入或市场推广投入等支出的限制，仍未得到完全释放，有极大的发展空间。

第三，标准三及标准四适用于那些产品仍未完成定型，但手上拥有关键技术，发展前景十分广阔的企业。以康乐卫士为例，其手上拥有两项关键技术，分别是人乳头瘤病毒（Human Papilloma Virus，HPV）三价、九价疫苗Ⅲ期临床实验，在 2020 年的时候，营业收入仅有 27 万元，但即使是在这种情况下，该企业也敢提出上市申请。因为单单 HPV 九价这一项技术，一旦获得批准上市，一年的收入就能够突破 10 亿元。

因此，如果你的企业有上市的想法，可以结合上述提到的四个标准及成功的案例分析自己的实际情况符合哪个标准，然后再提出上市申请。

在 2022 年的时候，北交所宣布要完成发行上市常态化，提高上市公司的数量。相信在不久的将来，北交所一定会出现一批优质的上市公司。

五、对企业研发投入的认定

研发投入是指企业进行研究开发行为所花费的所有资金支出。一般来说，研发投入主要分为直接投入费用、研发人员工资费用、长期待摊费用、折旧费用、装备调试费用、设计费用、委托外部研究开发费用、无形资产摊销费用等。本期研发投入为本期费用化的研发费用与本期资本化的开发支出之和。

1. 研发相关内控要求

在进行研究开发行为时，发行人需要制定明确、详细的内控制度，并且在研究开发过程时严格落实。内控制度需要明确的内容，主要包括研发标准、研发开支范围、研发审批程序、研发支出资本化的时间范围和依据等。另外，发行人还需要设立专门的研发台账，负责对研发支出进行核算、归集。

2. 中介机构核查要求

（1）在报告期内，申报会计师和保荐机构需要核查数据来源及计算是否真实、是否符合相关规定，研发投入归集是否准确，是否按照要求完成相关信息披露，并在核查结束后出具书面核查意见。

（2）申报会计师和保荐机构还需要核查发行人是否建立了研发相关内控制度，制度的内容是否健全、合规，制度是否得到了有效执行，并针对以下事项作出详细说明，出具书面核查意见。

· 发行人有没有建立研发项目的跟踪管理系统，有没有对研发的进展实施监控并及时进行记录，且对研发项目的可行性进行评估。

· 有没有制定研发活动的人物财物管理机制。

· 有没有对研发活动的开支范围及标准进行确定，有没有落实。

· 在报告期内有没有根据相关规定明确记录研发开支用途，有没有把其他与研究无关的费用纳入研发支出当中。

· 有没有一个完善的研发支出审批程序。

（3）如果发行人存在合作研发项目，那么申报会计师和保荐机构还需要对合作研发项目的情况进行核查并出具书面核查意见。核查的内容主要涉及合作方基本情况、项目合作背景、合作时间、合作内容、相关资质、双方的主要权利及义务、项目知识产权的归属、收入分摊情况、费用分摊情况及合作方是否属于关联方，如属于关联方，那么还需要深入核查项目的必要性、合理性以及交易价格的公允性。

下面通过两个案例来了解一下对企业研发投入的认定。

案例一

上市委员会在审议过程中，会将研发费用视为关键项目之一，会针对研发费用对发行人提出大量问题。朗鸿科技（836395）的上市审议会议于2022年4月28日召开，在会议上，上市委员会对朗鸿科技作出了暂缓审议的决定，这是北交所成立以来第三家被作出暂缓审议决定的企业。该企业之所以被暂缓审议，主要原因在于研发费用方面，上市委员会提出的意见为："关于研发费用。2019年度至2021年度，发行人母公司研发费用波动较大。请发行人进一步说明母公司研发费用高于合并报表研发费用的合理性、研发费用的真实性，是否存在为申报高新技术企业粉饰报表的情况。请保荐机构和申报会计师核查并发表意见。"

案例二

天济草堂（871129）的上市审议会议于2022年4月6日召开，在会议中，天济草堂也被作出了暂缓审议的决定，上市委员会提出的审议意见中指出："3. 关于研发能力及研发费用。招股说明书披露发行人'坚持以中药为经营特色、中西药并重的发展战略’‘公司技术研发团队实施推广服务业务占其各自所从事同类业务比例较高的 15 家推广服务力雄厚，拥有丰富的药物研发经验。’发行人募投项目研发中有 4 个中药和 3 个西药项目，报告期内发行人仅获得化药盐酸莫西沙星原料药及片剂的生产批文，盐酸莫西沙星原料药及片剂已投入生产销售，且发行人对多项化药采用委外研发。请发行人进一步说明：（1）目前各项化药研发的具体进展，发行人是否配备足够的化药研发人员，研发费用核算是否准确。（2）发行人已实现的销售的盐酸莫西沙星利润以及产能利用情况，未来对化药的生产销售规划，募集资金拟投放于化药研发的金额。（3）发行人未来的市场定位、发展战略、经营特色，相关化药产品是否具有竞争优势，并分析对发行人未来经营的影响。（4）发行人研发人员数量、技术储备情况，与同行业可比公司相比发行人研发能力情况，发行人披露‘实力雄厚、丰富经验’是否准确。”

六、对经营稳定性标准的理解

出于对投资者负责任、为更多优质企业提供更好融资机会与平台的态度，北交所对上市企业的标准认定中，存在对“企业经营稳定性”的硬性规定，毕竟谁都不愿意在资本市场上见到处于风雨飘摇状态还敢出来圈钱的不良企业。

依照北交所的规定，发行人应当同时保证企业主营业务、企业控制权、企业管理团队的多维稳定，考察范围一般为发行人提交申请的最近 24 个月——最近 24 个月内，企业主营业务未曾发生重大变化；最近 24 个月内，企业实际控制人未曾发生变更（一些不可抗力导致的变更除外）；最近 24 个月内，企业董事、高级管理人员未曾发生重大不利变化（注意是未曾发生重大不利变化，并非不可发生变化，正向变化是可以的）；其中，对企业是否发生过重大资产重组的考察时间范围有所放宽，是最近 12 个月内。

熟悉了北交所的规定之后，保荐人便可对企业进行辅导与认定，其中重点在于对存在弹性空间的“最近24个月内，企业实际控制人未曾发生变更”“最近24个月内，企业董事、高级管理人员未曾发生重大不利变化”的认定，往往涉及以下三方面因素的考量。

（1）企业实际控制人是因何种原因发生的变更。

（2）企业董事、高级管理人员在最近24个月内的变化比例，尤其是企业核心人员的变化比例。

（3）企业董事、高级管理人员的离职或无法正常参与企业日常管理工作，是否构成对企业经营的重大不利影响。

对于第一点，若企业实际控制人发生变更是因不可抗力引起，如原企业实际控制人去世之后名下股份由其继承人继承的情况，便不视为公司控制权发生变更。多名自然人为企业实际控制人时，若其中一名控制人去世，且该控制人股份变更并不会对企业控制权、股东大会或董事会决策造成根本性影响的，也不视为企业控制权发生变更。

对于第二点，若企业董事、高级管理人员变动比例过大，尤其企业核心人员变动比例过大（如超过20%），则可视为将对企业日常经营造成重大不利影响。

对于第三点，要看具体情况。如变动后新增的企业董事、高级管理人员是由原股东委派或企业内部培养、晋升而来，原则上便不构成对企业经营的重大不利影响；如企业董事、高级管理人员是因退休、调任、亲属继承等原因发生岗位变化，属于正常的企业人才新陈代谢范围，原则上也不视为对企业经营构成重大不利影响。

第四章 理解注册制的优势

从 2018 年开始，我国就在不断尝试着进行注册制改革，最初是在科创板进行试点，取得了一定成效后，再推行且深入至创业板。注册制的实施，意味着我国资本市场将进入全新的历史性阶段。在这一背景下诞生的北交所，也成了注册制全板块实施的重要一环。

一、注册制、审批制、核准制

在国际资本市场上，注册制得到了广泛的运用，市场化程度非常高。所谓注册制，简单来说就是在发行证券时，发行人只需全面地公开投资者判断证券性质及投资价值所必需的信息及材料，并由证券主管机关对信息的真实性、全面性及准确性进行审核，通过后即可发行证券。从中我们能够看出，在证券的发行过程中，证券监管机构唯一需要做的，就是对申报文件进行形式上的审查，确保文件的准确性、完整性符合相关法律法规，如图 4–1 所示。

用通俗的话来说，就是证券监管机构只需要审核拟上市公司披露的内容够不够全面、提交的文件是不是齐全，对内容的真实性和证券的投资价值一律不管，如果拟上市公司满足了材料披露的相关要求，就能够完成注册上市。

注册制与现行制度最大的区别在于：证券发行机构在审查上只需要完成形式审查，而不需要进行实质审查，即发行人在申报文件中如果不出现重大误

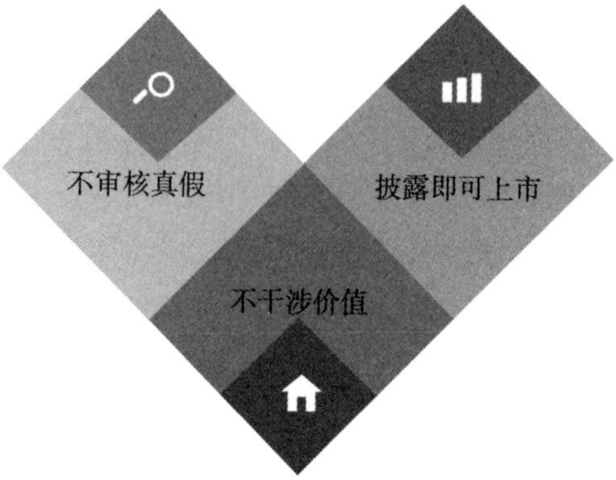

图 4-1　注册制的特点

导、遗漏及虚假情况，那么就算证券的投资价值为零，也会被允许发行。

接下来，我们再来了解一下审批制。股票市场最开始成立的时候，实施的就是审批制，简单来说就是计划发行，有严格的“额度控制”。在审批制下，如企业想要公开发行股票，首先需要得到中央企业主管部门或地方政府的批准，然后再将申请提交至相关的证券管理部门，由证券管理部门审核通过后，上报至证券监管机构以获取发行额度。得到发行额度后，拟上市企业才能够正式进行上市申请，经过一系列审核及复审并成功获取证监会出具的批准发行文件后，才能正式发行股票。

换个角度来看，其实就是由监管部门根据实际需要，控制额度并下放，由行业主管部门及地方政策推荐合适的企业，如企业各方面条件都符合标准并得到了监管部门的批准后，才能够上市。从本质上来讲，审批制其实就是根据计划规定上市公司的数量，通过行政方式控制股票发行的方式及定价。

最后，我们再来了解一下核准制。随着我国经济的不断发展及资本市场的逐步成熟，在审批制之后，又诞生了核准制。核准制是指发行人在申请发行股票时，除了需要对企业的真实情况进行全面公开外，还需要满足证券监管机构的相关规定及符合相关的法律法规，如发行人提交的申请存在虚假或违反相关法律法规，那么证券监管机构有权拒绝申请。简单来说，证券监管机构在审查过程中，除了要审查申报材料的完整性、真实性及准确性之外，还需要对申请企业的财产状况、营业性质、发展情况、发行价格及发行数量进行审查。

根据表 4-1 的对比，我们能够发现，注册制最大的优点在于：企业申请上市所需要进行的审批程序得到了简化，企业上市效率得到了一定的提高。注册制实施后，我国资本市场逐渐走向成熟，证券市场的发展速度也踏上了一个新的台阶，证券监管部门的监管核心，也逐渐由事前监管转移为事后监管。

表 4-1　注册制与审批制、核准制的区别

对比项	审批制	核准制	注册制
成熟化程度	低	较低	较高
发行效率	低	较低	较高
监管侧重方向	事前监管	事前监管	事后监管
对发行做实质判断主体	证券监管机构	中介机构、证券监管机构	中介机构
代表国家	中国	欧洲各国	美国、日本
发行指标和额度	有，行政计划	无	无
审核标准	实质审核	实质审核	形式审核
发行监管性质	中国证监会进行实质性审核	中介机构和中国证监会分担实质性审核的职责	中介机构进行实质审核，中国证监会形式审核

如果我们想要对北交所有更进一步的了解，就应该先深入了解注册制。注册制改革的核心有两个方面：一是审核权力下放，改革前，企业上市审核主要由证监会负责，改革后，企业上市审核主要由交易所负责，交易所出具审核意见后，再由证监会根据审核意见的内容决定是否批准注册；二是审核监管重心的改变，改革前，审核监管的重心主要是拟上市企业是否满足准入条件，满足条件后，方可上市，改革后，审核监管的重心主要是拟上市企业的信息披露是否合法合规，只要按照相关规定完成了信息披露，就可以上市，不再对企业的经营状况和持续盈利能力进行强制要求，企业上市的条件逐渐走向多元化。至于企业是否有投资价值，则完全交由投资者根据企业公开的情况进行判断。

也就是说，在注册制的背景下，新股的发行数量和发行价格将会逐步走向市场化。从前，只要投资者在新股上市时中签，那么大概率能够获取收益，这也是投资者热衷于“打新”的重要原因，但在注册制实施后，“打新”的收益必然会逐渐减少，新股破发的情况也会逐渐增多，一改从前“中签如中奖”的情况。另一方面，从本质上来讲，注册制其实是将上市公司的“生死”交由市场决定，业绩好，能够为投资者创造收益的企业，必然会受到众多投资者的欢迎，能够在市场上融到更多的资金，从而加快发展速度，创造更多的收益，形成正向循环，而业绩差，无法为投资者创造收益，且无发展空间的企业，必然会遭受投资者的抵触，无法在市场上融资，最终走向退市。

注册制的实施，使得退市制度越来越灵活，可以在一定程度上对资本市场的出口进行疏通，加快资本市场中资金的流动，可以在一定程度上缓解我国资本市场目前存在的问题及部分乱象。

注册制放宽了上市条件，优秀企业不必再“借壳上市”，“壳”的价值逐渐为零，优质企业的上市效率会大幅度提升，劣质企业的退市速度也会提高。随着时间的流逝，资本市场中的上市企业数量和资金量将会逐渐达到一个平衡，“打新”这种一本万利的投资行为将会逐渐消亡，新股真实价值回归，这也会加剧市场上的竞争，如果企业的经营每况愈下，那么将会被市场淘汰，资金会不断地流向那些优秀的上市企业，加快优胜劣汰的速度，逐渐形成良好的市场风气，这在一定程度上推动了上市企业风险管理意识的形成，促进上市企业将精力放在经营上，努力提高企业的质量，最终形成正向循环，推动资本市场的持续、健康发展，使我国经济发展由“高速发展”转变为“高质量发展”。

综上所述，其实我们完全没有必要担心北交所开市当天新股破发的情况，这并不意味着北交所的失败，反而是成功的标志，因为在成熟化的市场上，新股破发是常有的事情。

二、注册制改革历程

2013 年，十八届三中全会提出了健全多层次资本市场体系和推进股票发行注册制改革，同年 11 月证监会发布《关于进一步推进新股发行体制改革的意见》，股票发行制度不再单一，开始从核准制向注册制过渡。2015 年 12 月，全国人大常委会审议通过股票发行注册制改革授权决定。2018 年 11 月 5 日，首届中国国际进口博览会在上海开幕，国家主席习近平在开幕式上发表了主旨演讲，宣布将在上海证券交易所设立科创板并试点注册制。在此之后，注册制改革的步伐逐渐加快（见表 4–2），相关政策密集出台（见表 4–3），体现了资本市场改革的决心。

表 4–2　注册制改革历程

时　间	内　容
2013 年 11 月 5 日	党的十八届三中全会明确提出推进股票发行注册制改革
2014 年 3 月 5 日	股票发行注册制改革首次写入政府工作报告
2018 年 11 月 5 日	国家主席习近平宣布将在上海证券交易所设立科创板并试点注册制
2019 年 6 月 13 日	科创板正式开板，注册制试点落地
2020 年 3 月 1 日	新《证券法》生效实施，其中对全面推行证券发行注册制作出规定
2020 年 6 月 12 日	证监会发布创业板改革并试点注册制的相关制度规则
2020 年 8 月 24 日	创业板注册制首批首发企业开始上市交易
2021 年 11 月 15 日	北交所正式揭牌开市

表 4–3　注册制改革的相关政策

板　块	时　间	相关政策
注册制政策梳理	2013 年 11 月 15 日	2013 年 11 月 15 日，党的十八届三中全会审议通过了《中共中央关于全面深化改革若干重大问题的决定》，其中明确提出推进股票发行注册制改革
	2013 年 11 月 30 日	证监会发布《中国证监会关于进一步推进新股发行体制改革的意见》，股票发行开始从核准制向注册制过渡
	2014 年 3 月 5 日	股票发行注册制改革首次写入政府工作报告
注册制政策梳理	2015 年 12 月 27 日	《关于授权国务院在实施股票发行注册制改革中调整适用〈中华人民共和国证券法〉有关规定的决定（草案）》的议案被审议通过，对注册制改革的具体制度作出专门安排
	2020 年 3 月 1 日	新《证券法》生效实施，其中对全面推行证券发行注册制作出规定

（续表）

板　块	时　间	相关政策
注册制政策梳理	2021年12月8日	中央经济工作会议提出“要抓好要素市场化配置综合改革试点，全面实行股票发行注册制”
	2022年3月5日	政府工作报告提出“全面实行股票发行注册制，促进资本市场平稳健康发展”
科创板政策梳理	2018年11月5日	国家主席习近平宣布将在上海证券交易所设立科创板并试点注册制
	2019年1月30日	证监会发布《关于在上海证券交易所设立科创板并试点注册制的实施意见》，进一步落实资本市场创新驱动的发展战略
	2019年3月1日	设立科创板并试点注册制的主要制度规则正式发布，并自即日起实施
	2019年6月13日	科创板正式开板，注册制试点落地
	2019年7月22日	首批科创板25家公司上市交易
创业板政策梳理	2020年4月27日	审议通过了《创业板改革并试点注册制总体实施方案》，公开征求股票注册管理及证券发行注册管理办法意见
	2020年6月12日	证监会发布创业板改革并试点注册制的相关制度规则
	2020年6月15日	深交所开始受理创业板在审企业的首次公开发行股票、再融资、并购重组申请
	2020年8月24日	创业板注册制首批首发企业开始上市交易
北交所政策梳理	2021年9月2日	国家主席习近平宣布将深化新三板改革，设立北京证券交易所，打造服务创新型中小企业主阵地
	2021年10月30日	北交所的主要交易制度规则正式发布
	2021年11月15日	北交所正式揭牌开市

2018年11月，国家领导人提出设立科创板并试点注册制，2019年6月，注册制试点开启，其中间隔了7个月；2020年4月，中央全面深化改革委员会第十三次会议提出推进创业板改革并试点注册制，4个月后，创业板注册制正式落地；2021年9月，国家领导人提出设立北交所并试点注册制，到2021年11月15日北交所开市，时间间隔缩短到75天。2021年中央经济工作会议提出全面实行股票发行注册制，全面注册制的脚步渐行渐近。

一直以来，注册制改革的呼声都很高。核准制一度成为我国股票发行制度的唯一选项，虽然核准制能在一定程度上保证上市企业的质量，但不可忽视的是其存在核准成本高、效率不足等问题，甚至有时候还会导致“堰塞湖”现象的发生。

因此，在2013年明确提出推进股票发行注册制改革后，各方都在努力推动注册制的改革和发展。2015年4月，证券法修订草案提请一审，发出了“废除审核制实行注册制”的信号，许多人也因此而认为注册制改革即将落地。然而，2015年出现股市异常波动等情况，大家开始意识到，注册制改革是必须进行的，但不能执着于“快”，而是着重于“稳”。

虽然现在北交所、科创板、创业板都在实行注册制，但这并不意味着注册制改革条件已经成熟。目前来看，注册制改革会受到投资者、发行主体、中介机构等因素的影响，并没有完全适应我国的多层次市场体系。与此同时，注册制改革时间窗口也会受到境外市场风险的影响。所以，注册制改革的发展仍需进一步完善相关制度。

三、注册制对现存问题的多方面优化

我国以前股票发行方式以核准制为标准，虽然核准制能在一定程度上保证上市企业的质量，但不可否认的是其仍然存在诸多弊病。基于核准制具备一定的垄断性质，很容易产生灰色空间，或者是导致企业为了能够获得上市审核而进行不正当竞争等情况。总而言之，核准制存在政府核准时需要耗费的人力物力成本高、工作效率不足等问题，而且在运行过程中还会出现一些由于审核标准不统一而导致的不确定性因素，导致一些本土企业前往股票市场体制更为现代化的其他国家或地区上市。这样一来，政府的监管成本、企业的发行成本等方面都会随之增加，从长远来看，这些弊端会在一定程度上阻碍我国经济健康发展。

原《证券法》要求企业公开发行新股需要“具有持续盈利能力，财务状况良好”，而在2019年的新《证券法》中，这一项要求放宽到“具有持续经营能力”，这正是注册制改革带来的影响之一：降低企业上市门槛。而注册制改革带来的另一个影响，则是降低监管机关审查力度。在这个过程中，证券监管机构唯一需要做的，就是对申报文件进行形式上的审查，确保文件的准确性、完整性及真实性符合相关法律法规即可。也就是说，相对核准制，注册制具备更明显的市场化与自由化特征，对许多现存问题进行了有效优化。

1. 减轻监管机关的审核负担，发挥监管作用

股票发行实行注册制，拟上市企业就没有必要为了通过审核而走“旁门左道”（见图 4–2）来进行不正当竞争，而且也可以在一定程度上减少权力寻租现象的发生，监管机构在这个过程中也能够更好地发挥监督作用。

图 4–2　企业为了审核通过而采取的不正当措施

2. 让具备发展潜力的优质企业获得融资的机会

2020 年全球经济受到新冠疫情冲击，而科创板、北交所的开市，让我国优质的中小企业面临的融资困境有了新的解决方式。由此可见，注册制的实现将促进中小企业进一步获得资本市场的支持，进一步助力实体经济的复苏。资本市场能够吸引到更多的中小实体企业进行融资，有效推动我国资本市场整体格局和生态的发展，激发市场活力与促进高质量经济体系的实现。

3. 改善资本市场环境

众多优秀企业由于当下的市场无法为其提供上市环境，因此在境外实现

IPO，注册制改革为这些企业创造了条件，可以吸引更多优质企业在境内上市，甚至可以带来“鲶鱼效应”，促进企业间的良性竞争。

另外，注册制的落地，要求风险投资（Venture Capital，VC）和私募股权（Private Equity，PE）投资机构具备非常强的专业投资能力以及投后管理能力，在这一点上，VC/PE 投资机构中龙头企业无疑更为受益。目前，我国上市企业的估值中枢比实行注册制的境外市场要高，而注册制有助于减少二者之间的估值差，让投资者更关注企业的成长性。

也就是说，在未来的发展中，VC/PE 投资机构将会努力提升自身的专业投资能力以及投后管理能力，以此来帮助自己在注册制市场中大展拳脚。毕竟对于 VC/PE 投资机构而言，专业投资能力能够帮助自身对于高成长性企业的挖掘，同时还可以在细分领域实现资源积累。而投后管理能力能够为企业赋能，企业在获得发展的同时，VC/PE 投资机构的收益也水涨船高，同时推动我国资本市场走向完善和成熟。

四、施行注册制改革带来的直接结果

近些年来，我国对于资本市场的监管愈发严格，同时还在不断完善相应的制度，这为注册制实施奠定了良好的基础。北交所实行注册制，是资本市场改革的创新路径，将会直接带来以下三大结果。

1. 拓宽融资渠道

提高直接融资比重一直是我国资本市场改革的努力方向，近些年来在多次重要会议及重要文件中都有提到（见表 4–4），而注册制改革则是完成这一目标的重要举措。

表 4-4　我国直接融资规模及占比

时间	提及直接融资的文件名称或会议名称	主要内容
2020 年 5 月 22 日	政府工作报告	改革创业板并试点注册制，发展多层次资本市场
2020 年 10 月 29 日	十九届五中全会	全面实行股票发行注册制，建立常态化退市机制，提高直接融资比重
2020 年 10 月 31 日	专题会议	在“提高直接融资比重”前，提出“全面实行股票发行注册制，建立常态化退市机制”。其中，提高直接融资比重是目标和方向，注册制和退市机制是手段，也是市场的“入口”和“出口”。“入口”“出口”齐发力，提高直接融资比重正在步入纲举目张的新阶段
2020 年 11 月 25 日	《人民日报》	坚持以服务实体经济为方向，对金融体系进行结构性调整，大力提高直接融资比重
2020 年 11 月 5 日	《中共中央关于制定国民经济和社会发展第十四个五年规划和 2035 年远景目标的建议》辅导读本	六大重点任务：全面实行股票发行注册制，拓宽直接融资入口。健全中国特色多层次资本市场体系，增强直接融资包容性。推动上市公司提高质量，夯实直接融资发展基石。深入推进债券市场创新发展，丰富直接融资工具。加快发展私募股权基金，突出创新资本战略作用。大力推动长期资金入市，充沛直接融资源头活水
2021 年 3 月 12 日	《中华人民共和国国民经济和社会发展第十四个五年规划和 2035 年远景目标纲要》	完善资本市场基础制度，健全多层次资本市场体系，大力发展机构投资者，提高直接融资特别是股权融资比重。全面实行股票发行注册制，建立常态化退市机制，提高上市公司质量。深化新三板改革

2016 年，我国直接融资比重为 15%；发展至 2021 年，这一数据已经提升到 29%（见图 4-3），但与发达国家相比，仍然相差甚远。而注册制改革拓宽了中小企业的融资渠道，有利于提高直接融资比重。

图 4–3　我国直接融资规模及占比

在 2019 年的新《证券法》中，企业公开发行新股要求放宽到“具有持续经营能力”，注册制改革后有效降低了企业上市门槛。另外，科创板和创业板还提出了允许符合条件的特殊股权结构企业和红筹企业在创业板上市。各个板块的具体规则都在放宽盈利要求，为更多中小企业提供融资渠道，如表 4–5 所示。

表 4–5　各个板块放宽盈利要求的具体规则

类别		北交所	科创板	创业板		沪深主板
				注册制改革前	注册制改革后	
盈利指标	（市值）+净利润+加权平均 ROE	预计市值不低于 2 亿元，最近两年净利润均不低于 1500 万元且加权平均净资产收益率平均不低于 8%；或预计市值不低于 4 亿元，最近一年净利润不低于 2500 万元且加权平均净资产收益率不低于 8%	预计市值不低于人民币 10 亿元，最近两年净利润均为正且累计净利润不低于人民币 5000 万元	最近两年连续盈利，最近两年净利润累计不少于 1000 万元	最近两年净利润均为正，且累计净利润不低于 5000 万元	最近三年净利润均为正，且累计超过 3000 万元；最近三年经营活动现金流净额累计超过 5000 万元，或最近三年营业收入累计超过 3 亿元；最近一期期末无形资产（扣除土地使用权、水面养殖权

（续表）

类别		北交所	科创板	创业板		沪深主板
				注册制改革前	注册制改革后	
盈利指标	市值+净利润+营业收入	—	预计市值不低于人民币10亿元，最近一年净利润为正且营业收入不低于人民币1亿元	最近一年盈利，最近一年营业收入不少于5000万元	预计市值不低于10亿元，最近一年净利润为正且营业收入不低于1亿元	—
非盈利指标	市值+营业收入	—	预计市值不低于人民币30亿元，且最近一年营业收入不低于人民币3亿元	—	预计市值不低于50亿元，且最近一年营业收入不低于3亿元	—
	市值+营业收入+现金流	预计市值不低于4亿元，最近两年营业收入平均不低于1亿元，且最近一年营业收入增长率不低于30%，最近一年经营活动产生的现金流量净额为正	预计市值不低于人民币20亿元，最近一年营业收入不低于人民币3亿元，且最近三年经营活动产生的现金流量净额累计不低于人民币1亿元	—	—	—
	市值+营业收入+研发投入	预计市值不低于8亿元，最近一年营业收入不低于2亿元，最近两年研发投入合计占最近两年营业收入合计比例不低于8%	预计市值不低于人民币15亿元，最近一年营业收入不低于人民币2亿元，且最近三年累计研发投入占最近三年累计营业收入的比例不低于15%	—	—	—

（续表）

类别		北交所	科创板	创业板		沪深主板
				注册制改革前	注册制改革后	
非盈利指标	市值+研发投入	预计市值不低于15亿元，最近两年研发投入合计不低于5000万元	—	—	—	—
	市值+技术	—	预计市值不低于人民币40亿元，主要业务或产品需经国家有关部门批准，市场空间大，目前已取得阶段性成果。医药行业企业需至少有一项核心产品获准开展二期临床试验，其他符合科创板定位的企业需具备明显的技术优势并满足相应条件	—	—	—

2. 提升融资效率

注册制之下，审核流程缩减，与主板上市时间相比，科创板、创业板、北交所上市企业的平均排队时间更短，科创板、创业板、北交所上市时间如表4–6所示。科创板、创业板、北交所上市审核流程如图4–4至图4–6。通过上市时间和上市流程来看，这几个板块的发行效率明显提高。

表 4–6　科创板、创业板、北交所上市时间

创业板	拟上市企业发出上市申请后 5 个工作日内深交所决定是否受理，自受理之日起 20 个工作日内提出首轮审核问询，总体上创业板审核注册流程时限为 3 个月，回复问询流程时限为 3 个月
科创板	拟上市企业发出上市申请后 5 个工作日内上交所决定是否受理，受理之日起 20 个工作日内提出首轮审核问询，上交所审核和证监会注册的时间总计不超过 3 个月
北交所	自受理之日起 20 个工作日内，北交所审核机构通过审核系统发出首轮问询，北交所自受理发行上市申请文件之日起 2 个月内形成审核意见

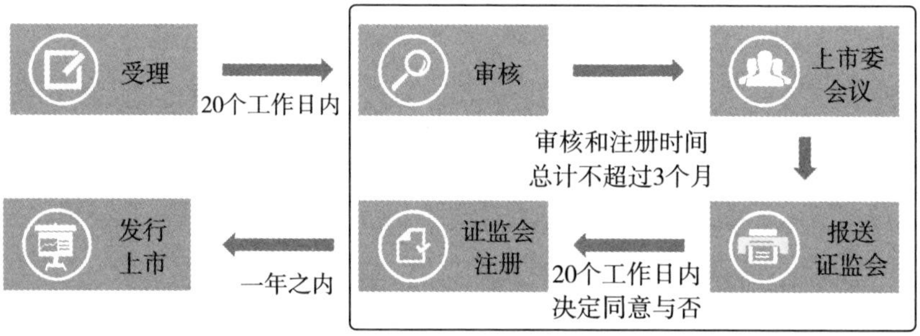

图 4–4　科创板上市审核流程

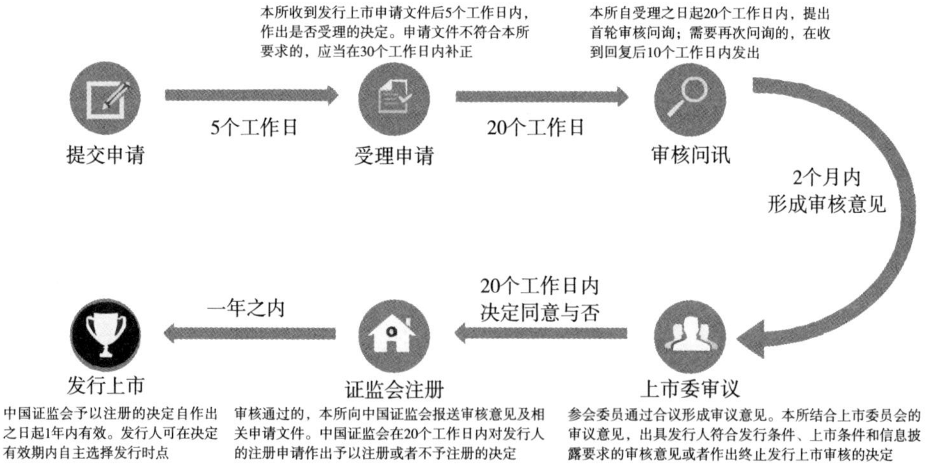

图 4–5　创业板上市审核流程

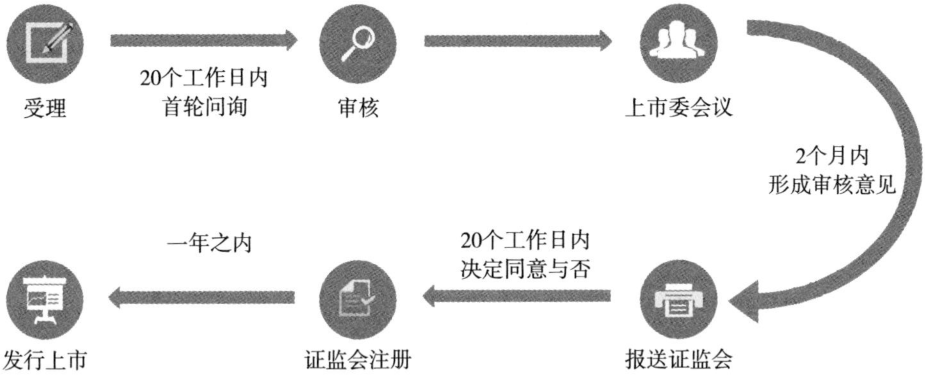

图 4–6　北交所上市审核流程

在审核内容上，核准制要求证券监管机构在审查的过程中，除了要审查申报材料的完整性、真实性及准确性之外，还需要对申请企业的财产状况、营业性质、发展情况、发行价格及发行数量进行审查，耗时长，成本高。而注册制强调中介机构“看门人”的职责，证券监管机构只需要审核拟上市公司披露的内容够不够全面、提交的文件是不是齐全，对内容的真实性和证券的投资价值一律不管，把企业的好坏交给市场来观察。因此，注册制的实施极大地缩减了审核流程。

根据提交上市申请的企业从受理到上会的平均排队时间来看，创业板在注册制改革前是 17 个月，改革后是 10 个月，科创板的这一数据是 9 个月，而北交所的甚至连 5 个月都不用，对比起来，实行核准制的主板市场则需要 18 个月（主板目前已改为注册制），如图 4–7 所示。注册制的审核时长优势不言而喻。

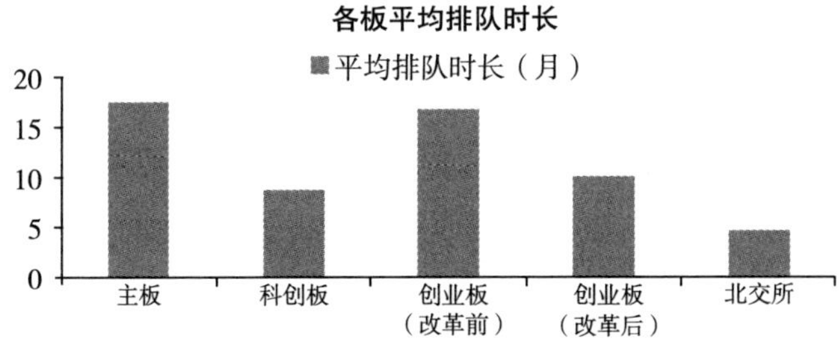

图 4–7　提交上市申请的企业从受理到上会的平均排队时间

3. 退市更市场化

2020 年 12 月 31 日，沪深交易所发布退市新规，整体上来说优化了退市指标，简化了退市流程，强化了风险警示，如表 4–7 所示。新规落地有利于加速市场的新陈代谢，也有助于吸引更多的国内外长期资金。

表 4–7　沪深交易所发布退市新规

改善方向	主要内容
优化退市指标	1. 财务类指标：取消了原来的单一净利润指标或营业收入指标，改为“扣非前后净利润为负 + 营业收入低于人民币 1 亿元”，连续 2 年将终止上市。计算“营业收入”时，不包括非主营业务收入以及不具有商业实质的关联交易收入。第一年因触及财务类指标被实施退市风险警示的公司，第二年如果再次触及财务类指标或者审计意见类型指标的任一指标，股票将直接终止上市，其有助于堵住上市公司规避退市风险的漏洞 2. 交易类指标：由原先的“面值退市”明确为“1 元退市”，且新增了市值退市标准，即连续 20 个交易日总市值低于人民币 3 亿元的则终止上市 3. 规范类指标：新增“信息披露、规范运作存在重大缺陷且拒不改正和半数以上董事对于半年报或年报不保真”两类情形 4. 违法类指标：进一步明确财务造假退市判定标准，新增造假金额和造假比例的量化指标
简化退市流程	1. 若公司连续两年净利亏损且营业收入低于 1 亿元人民币，就将终止上市，不再有暂停上市和恢复上市环节 2. 新标准将退市整理期由原先的 30 个交易日缩短为 15 个交易日，退市整理期首日不设涨跌幅，且取消交易类退市情形的退市整理期 3. 将重大违法类退市连续停牌时点从收到行政处罚事先告知书或法院判决之日，延后到收到行政处罚决定书或法院生效判决之日
强化风险警示	1. 新增“最近连续三个会计年度扣除非经常性损益前后净利润孰低者均为负值，且最近一个会计年度财务会计报告的审计报告显示公司持续经营能力存在不确定性”的其他风险警示情形 2. 新增“最近一个会计年度内部控制被出具否定意见或无法表示意见审计报告，或未按照规定披露内部控制审计报告”的其他风险警示情形 3. 优化风险警示股票的适当性管理和交易机制安排，强化风险揭示和投资者保护力度

根据数据显示，我国平均每年退市企业数量一般都很少，在注册制改革及退市新规前都没有超过 5 家，无法与发达国家每年上百家的退市数量进行对比。而在注册制改革及退市新规后，2021 年我国退市企业数量达到 23 家，是前所未有的数据。注册制放宽了上市条件，优秀企业不必再“借壳上市”,“壳”的价值逐渐降低，优势公司的上市效率会大幅度提升，劣质公司的退市速度也会提高。

第五章 北交所持续监督体系

2022年爆出消息：连城数控、贝特瑞等知名企业的董事长及实际控制人正式被立案调查。这些企业都是在北交所首批上市的企业，所以这些消息一经发出，立即引起了市场的广泛关注，网友们纷纷争论该消息是否属实。要知道，北交所是我国资本市场关键的组成部分，一旦消息属实，将会引起市场的剧烈波动。随后不久，相关企业都发布公告称，消息属实。

北交所的正式开市，意味着我国的金融体系得到了进一步完善，但随之而来的是更完善、更强力的监管制度。相关数据表明，有大量在北交所上市的公司被相关监管部门进行了口头警告，部分公司被要求提交书面承诺，要求40多家公司进行自律监管措施，从中我们就能够看出，北交所的监管力度非常大。

披露信息显示，北交所的首例纪律处分发生在2022年7月，对象为“云南生物谷药业股份有限公司”，该公司的违法违规行为主要包括信息违规披露、资金违规占用以及未能履行相关承诺等。

相关从业人员表示，北交所成立的目的，主要是为创新型中小企业提供良好的金融服务，完善我国的金融体系，与此同时，加强对公司上市的审核及已上市公司的监管，将监管的目标集中在“关键少数”身上，这些“关键少数”主要包括上市公司的董事长、监事、高级管理人员及实际控制人等，对于一切违法违规行为实行“零容忍”的态度，通过这样的方式来提高上市公司的高质量发展。

全面注册制正式实施后，我国资本市场将会全面进入强监管的状态。

一、对公司治理的监督

纵观全球，对于每一个交易所而言，公司治理都是上市规则当中不可或缺的一部分。而北交所作为我国第一家公司制证券交易所，受到多方关注，因此，国家必须要对北交所进行强监管，确保北交所能够顺利实现高质量运行。为了实现这一目标，国家发布了大量文件，对北交所上市公司提出了严格的条件，主要包括发行上市、公司治理、日常经营及持续监管等几个方面。

对于一家公司来说，想要在北交所进行上市，必须要有完善的公司治理体系，并且要完全满足北交所的上市规则。针对于此，本节就来探讨北交所对公司治理的监督，下面先来了解一下《北京证券交易所上市公司持续监管办法（试行）》（下称《持续监管办法》）中公司治理的相关条款。

第二章　公司治理

第四条　上市公司应当增强公众公司意识，保持健全、有效、透明的治理体系和监督机制，保证股东大会、董事会、监事会规范运作，督促董事、监事和高级管理人员履行忠实、勤勉义务，明确纠纷解决机制，保障全体股东合法权利，积极履行社会责任，保护利益相关者的基本权益。

上市公司控股股东、实际控制人应当诚实守信，依法行使权利，严格履行承诺，维持公司独立性，维护公司和全体股东的共同利益。

第五条　上市公司设独立董事，独立董事的选任、履职应当符合中国证监会和北交所的有关规定。

第六条　鼓励上市公司根据需要设立审计、战略、提名、薪酬与考核等专门委员会，专门委员会对董事会负责，依照公司章程和董事会授权履行职责。专门委员会成员全部由董事构成，其中审计委员会、提名委员会、薪酬与考核委员会中独立董事应当占多数并担任召集人，审计委员会的召集人应当为会计专业人士。

第七条　上市公司应当积极回报股东，根据自身条件和发展阶段，在公司章程中规定现金分红、股份回购等股东回报政策并严格执行。北交所可以制定股东回报相关规则。

第八条　上市公司应当建立完善募集资金管理使用制度。募集资金的存放、使用、变更和持续披露等具体规则由北交所制定。

> **第八条**　上市公司应当建立完善募集资金管理使用制度。募集资金的存放、使用、变更和持续披露等具体规则由北交所制定。
>
> **第九条**　上市公司存在特别表决权股份的，应当在公司章程中规定特别表决权股份的持有人资格、特别表决权股份拥有的表决权数量与普通股份拥有的表决权数量的比例安排、持有人所持特别表决权股份能够参与表决的股东大会事项范围、特别表决权股份锁定安排及转让限制、特别表决权股份与普通股份的转换情形等事项。
>
> 上市公司应当在定期报告中持续披露特别表决权安排的情况；特别表决权安排发生重大变化的，应当及时披露。
>
> 北交所应对存在特别表决权股份公司的上市条件、表决权差异的设置、存续、调整、信息披露和投资者保护事项制定有关规定。

另外，《北京证券交易所股票上市规则（试行）》（下称《上市规则》）明确制定了公司治理的基本框架，并且对董事会、股东大会、监事会以及高级管理人员如何确立、如何运作等提出了明确具体的规范。不仅如此，包括公司的实际控制人、控股股东及收购人等上市公司的重要构成主体也有明确的规范要求。

另外，由于中小企业具有特殊性，为了促进中小企业的发展，平衡中小企业在市场中的投入与产出，在公司治理方面，中小企业在北交所当中能够得到一定的“特殊照顾”。接下来，我们就一起看看北交所《上市规则》中公司治理方面的部分要求。

1. 优化公司治理标准

《上市规则》中明确、全面并且详细地提出了公司治理标准。在这里，我们举个例子。其他交易所的上市公司，董事会延期是一件很正常的事情，但很多时候，都是董事做决定，想延期就延期。而北交所则明确规定了董事会延期的条件：上市公司召开董事会之前，必须事先拟定好会议的议题，并且要提前准备好足够的决策材料。如果想要延期，那么必须要有 2 名及以上的独立董事联名向董事会提出书面申请，详细说明延期的原因，且因论证不充分、资料不完整等原因导致的延期，董事会必须采纳，还需要第一时间进行披露。

除此之外，《上市规则》当中还明确规定了独立董事发表意见的行为规范，对独立董事发表意见的情形进行了丰富及细化，具体内容如下：

（1）发行人使用闲置募集资金投资理财产品的；

（2）改变募集资金用途的；

（3）发行人实际募集资金净额超过计划募集资金金额的部分（即超募资金）用于永久补充流动资金和归还银行借款的；

（4）发行人以自募资金预告投入公开披露的募集资金用途后，以募集资金置换自筹资金的；

（5）上市公司财务会计报告被会计师出具非标准审计意见的；

（6）涉及特别表决权的部分事项；

（7）承诺变更方案；

（8）董事会因故无法对定期报告形成决议的；

（9）审计意见涉及事项；

（10）关联交易事项；

（11）终止上市事项。

2. 对公司的关键主体进行更有力的约束

为了对上市公司的独立性提供保障，北交所《上市规则》中加强了对上市公司关键主体的约束，这些关键主体主要是指公司的实际控制人、实际控股股东等，约束范围主要包括公司的关联交易、资金占用、同业竞争以及对外担保等。接下来，我们就来看看北交所《上市规则》对上市公司关键主体的具体约束条款。

（1）为确保公司独立性，上市公司实际控制人及控股股东必须通过相关措施为人员独立、公司资产独立、机构独立、财务独立及业务独立等方面提供强有力的保障。

（2）上市公司的实际控制人、控股股东必须要保护其他股东的合法权益，在行使股东权利时，必须严格遵守相关法律，不得通过自身的控制地位损害公司权益，以获取非法利益。

（3）对于上市公司未公开的重大信息，公司的实际控制人及控股股东无权随意获取，法律法规另有规定的除外。如必须要获取，需严格遵守相关流程。

（4）公司的实际控制人、控股股东及其关联方不得占用公司的资金。明确规定了资金占用的形式，主要包括：利用公司资金为实际控制人、控股股东及其关联方进行债务偿还；利用公司资金为实际控制人、控股股东及其关联方进行工资、保险、福利等费用的垫付；公司的实际控制人、控股股东及其关联方不得在没有劳务对价、商品交易的情况下使用公司的资金；公司的实际控制人、控股股东及其关联方不得通过直接或间接的形式对公司资金进行拆借。

（5）对同业竞争行为进行严厉禁止。上市公司的实际控制人、控股股东在公司上市之后，不得通过直接或间接的方式进行会对公司独立经营产生影响的同业竞争。

（6）严禁上市公司的实际控制人、控股股东及其关联方通过关联交易的方式获取不当利益，严禁隐瞒关联关系。

（7）上市公司的实际控制人、控股股东及其关联方如需上市公司提供担保，必须要有相应的反担保。

最后，必须要强调的一点是，在关联方的界定范围方面，北交所与创业板、科创板并不是完全相同的，如果上市公司想要在不同交易所之间进行转板，那么必须要对相关交易所的规定进行全面研究，避免对公司产生负面影响。

3. 对内控要求进行进一步强化

《上市规则》中在“信息披露”“公司治理”这两章内容中，明确了上市公司的内控要求，主要规定有以下几个方面。

（1）上市公司必须要有一个全面、完善的内部控制制度，并由公司董事会制定相关措施保证该制度能够有效执行。

（2）上市公司必须要对自身控股的子公司进行更进一步的管理及控制，完善对控股子公司的控制制度、控制程序及控制政策。另外，上市公司还对自身控股的子公司具有督促责任，要帮助其根据自身的实际情况建立符合实际的内部控制制度。

（3）会计核算、财务管理及监督机制应纳入信息披露管理制度当中。

4. 根据中小企业的实际情况设计更合适的制度

前文提到过，为了能够让中小企业在北交所得到更好的发展，北交所为这些中小企业进行了特殊的制度安排，主要涉及以下几个方面。

（1）上市公司可根据实际需求建立专门委员会。

《上市规则》中明确提出，董事会如有需要，可结合自身业务特点及公司实际情况，成立专门委员会，如战略设计委员会、审计委员会、薪酬与考核委员会等。这些专门委员会由董事会直接管理，专门委员会需对董事会负责，并在董事会的授权下完成好自己的相关工作。需强调的是，若要成立专门委员会，就必须设计一套完善的流程，包括专门委员会应如何组成，明确其职责，并纳入公司章程。

（2）对独立董事的人数不作强制限制。

在其他交易所，上市公司必须设立独立董事，且人数必须达到董事会人数的一定比例，其中还必须包括一名会计专业人士。但在北交所，独立董事的人数没有强制限制，这也使得中小企业上市的后续维护成本得到了有效减少。

（3）表决权差异安排。

绝大多数上市公司都具有特别表决权，在进行特定事项的决议时，部分股东会得到特别表决权，但前提是这些特定事项必须是公司章程中明确规定的。对于公司章程中没有规定的特定事项，那么在进行表决时，持有普通股份的股东与拥有特别表决权的股东的权利是一样的。

另外，如果上市公司存在特别表决权，那么对于特别表决权股份的发行有着极大的限制，通常情况下，只有转增股本、比例配送股这两种途径能够发行特别表决权股份。最后，上市公司的特别表决权比例是无法提高的，如果上市公司出现注册资本减少、股份回购等引起特别表决权比例提高的情况，那么上市公司必须在第一时间通过相应措施将特别表决权的比例降低到原有水平，比如说将一定数量的特别表决权股份转换为普通股份。

5. 其他相关安排

《上市规则》中还专门规定了上市公司的投资者关系、承诺事项管理、社会责任等，充分显示了北交所对于上市公司的强监管态度。

根据上述要求，如果一家公司想要在北交所上市，那么建议提前做好公司治理内容，具体包括以下 4 个方面。

（1）对公司治理结构进行优化、完善。

如果公司有上市计划，那么就必须认真研读《上市规则》以及《持续监管办法》中对公司治理结构方面的相关规定，对公司自身的治理结构体系进行完善，并根据公司实际情况合理设计公司的三会制度、公司章程，确保执行权、决策权及监督权三权平衡。

另外，还需要充分考虑公司的实际情况，确定是否要成立专门委员会负责战略、审计、薪酬与考核等事项。确保独立董事的作用能够得到更进一步的体现，公司应充分听取独立董事的意见，充分发挥独立董事的专业知识和经验，以提高公司整体利益，维护中小股东的利益。

（2）对内控体系进行优化、完善。

公司在上市前，必须要对公司的内控体系进行优化、完善，必要情况下，还需要全面推倒重来，内控体系主要包括三个方面：顶层设计、中层支撑及底层操作，这三个方面都必须要进行细化、完善。除此之外，还需要对组织架构进行优化，对每一个部门、每一个岗位的职责与分工进行明确。

（3）对投资者关系管理进行进一步强化。

上市公司必须要将公司的实际经营状况真实、客观、完整地展示给投资者，并且要维护好投资者的利益，对于投资者的合理意见及建议应及时进行回应，解决投资者提出的问题。

（4）确保公共利益得到维护，承担相应的社会责任。

想要成为一家上市公司，那么除了要能够为投资者带来良好的经济效益之外，还需要确保公共利益不受到损害，不能为了经济发展而损害公共利益。公司在发展过程中，一定要将绿色发展的理念纳入公司的发展战略，在公司治理过程中也必须将环保视为重要部分。在能力范围内承担起环境保护、公众利益保护等责任。

二、持续信息披露机制

上市公司的投资者有权了解公司的实际经营情况及相关信息，因此，上市公司必须要建立良好的信息披露制度，通过上市公告书、招股说明书、临时报告或定期报告等途径，将相关信息公开披露给社会公众及投资者。接下来，我们了解一下《北京证券交易所上市公司持续监管办法（试行）》中关于信息披露的相关条款。

第三章　信息披露

第十条　上市公司和相关信息披露义务人应当及时、公平地披露所有可能对证券交易价格或者投资决策有较大影响的事项，保证所披露信息的真实、准确、完整，不存在虚假记载、误导性陈述或者重大遗漏。

上市公司应当建立并执行信息披露事务管理制度，增强信息披露的透明度。上市公司董事长对信息披露事务管理承担首要责任，董事会秘书负责组织和协调公司信息披露事务、办理信息对外公布等相关事宜。

第十一条　上市公司筹划的重大事项存在较大不确定性，立即披露可能会损害公司利益或者误导投资者，且有关内幕信息知情人已书面承诺保密的，上市公司可以暂不披露，但最迟应当在该重大事项形成最终决议、签署最终协议或者交易确定能够达成时对外披露；已经泄密或者确实难以保密的，上市公司应当立即披露该信息。

第十二条　上市公司应当结合所属行业的特点，充分披露行业经营信息，便于投资者合理决策。

第十三条　上市公司应当充分披露可能对公司核心竞争力、经营活动和未来发展产生重大不利影响的风险因素。

上市公司尚未盈利的，应当充分披露尚未盈利的成因，以及对公司现金流、业务拓展、人才吸引、团队稳定性、研发投入、战略性投入、生产经营可持续性等方面的影响。

第十四条　上市公司和相关信息披露义务人确有需要的，可以在非交易时段对外发布重大信息，但应当在下一交易时段开始前披露相关公告，不得以新闻发布或者答记者问等形式代替信息披露。

第十五条　上市公司和相关信息披露义务人适用中国证监会、北交所相关信息披露规定，可能导致其难以反映经营活动的实际情况、难以符合行业监管要求等有关规定的，可以依照相关规定暂缓适用或者免于适用，但是应当充分说明原因和替代方案。中国证监会、北交所认为依法不应当调整适用的，上市公司和相关信息披露义务人应当执行相关规定。

第十六条　上市公司的控股股东、实际控制人应当配合上市公司履行信息披露义务，不得要求或者协助上市公司隐瞒应当披露的信息。

第十七条　上市公司应当在符合《证券法》规定的信息披露平台发布信息，在其他媒体披露信息的时间不得早于在符合《证券法》规定的信息披露平台披露的时间，并确保披露内容的一致性。

《上市公司治理准则》第九十三条中明确规定，董事长对上市公司信息披露事务管理承担首要责任。但是，在沪深交易所的持续监管办法中并没有体现这一点。而北交所则不一样，北交所对于上市公司的监管一直保持着强硬的态度，其《持续监管办法》中明确规定了董事长对信息披露需承担首要责任，这是国内第一家将该条写入持续监管办法当中的交易所，一方面明确了信息披露义务人所需承担的责任，另一方面，这意味着我国以信息披露为核心的注册制改革得到了更深入的落实。需要注意的是，对于尚未盈利的相关事项和重大不确定事项，北交所的信息披露要求与创业板、科创板是完全相同的。

在北交所进行上市的公司，对于有可能会影响到投资者决策行为的重要信息及会对股价造成影响的信息，相关信息披露义务人必须要公平公正、及时地进行披露，并且为披露信息的真实性提供保证，如存在重大遗漏、虚假信息等问题，相关义务人需承担相应的法律责任。

需要注意的是，上市公司并不是所有信息都需要进行公布，除了北交所《上市规则》中规定必须披露的信息外，如行业信息、自愿性信息、风险信息等都可以选择不披露，也可以选择暂缓或豁免信息披露，但这些都必须遵守相关的规定。

1. 行业信息披露相关规则

北交所《持续监管办法》第十二条中明确规定，上市公司需要根据自身所处行业的特点及实际情况，及时、全面地披露行业经营信息，这样的做法主要是为了保障投资者的权益，使投资者能够更好地进行决策。另外，如果上市公司尚未实现盈利，那么还需要向投资者充分披露相关原因及会对上市公司的业务拓展、现金流、公司稳定性、人才吸引、战略投入、研发投入及生产经营方面造成的影响进行充分说明。

2. 自愿性信息披露相关规则

上市公司的部分信息是不要求公开披露的，如果选择公开这部分信息就属于自愿性信息披露。需要注意的是，自愿性信息披露同样需要遵守相关规定，要确保信息的真实性、完整性，信息披露义务人需要对披露的自愿性信息承担相应的责任。另外，自愿性信息披露一定要完全公开，不得出现选择性信息披露，不得通过自愿性信息进行内幕交易、市场操纵，不得通过自愿性信息对投资者的决策进行误导，且需保证自愿性信息与依法披露信息的一致性。如已披露信息出现了关键性的改变，并且会对投资者决策产生重大影响，那么上市公司一定要及时更新披露信息。

3. 风险信息披露

北交所《持续监管办法》第十三条中明确规定，上市公司如存在风险因素，包括会对公司未来生产经营造成重要影响的因素、会影响到公司核心竞争力的因素、会对公司的正常运转产生重要影响的因素，应及时、充分向投资者进行披露。

4. 暂缓或豁免信息披露

如上市公司将要进行披露的信息有以下情况，那么就能够对信息披露进行暂缓或豁免，主要包括：信息属于商业敏感信息、信息属于公司机密；信息披露后或许会导致公司利益受到损害、导致其他公司进行不正当竞争、对投资者的决策产生误导、损害投资者利益；会对国家安全造成影响，违反相关法律法规的信息等。

需要注意的是，暂缓或豁免信息披露并不是一件容易的事情，信息披露义务人对信息暂缓披露或豁免的行为需要进行慎重考虑后再做决定，且暂缓或豁免披露的信息必须符合相关规定要求。如信息进行暂缓披露，那么信息的知情人需要签署相关的保密协议；如果信息已经造成了泄露，那么就应该及时进行披露。

北交所成立后，精选层挂牌公司平移到北交所，成为北交所上市公司，需遵守北交所的相关规定。平移后的上市公司上市时间不会重置，而是按在精选层挂牌的日期连续计算。截至目前，已有不少在北交所进行上市的公司，因为没有遵守北交所对于信息披露的相关规定而被处罚，比如钢宝股份，如图5–1所示。

全国中小企业股份转让系统

股转挂牌公司管理二函〔2021〕001 号

关于对江苏金贸钢宝电子商务股份有限公司及相关责任主体采取自律监管措施的决定

当事人：

江苏金贸钢宝电子商务股份有限公司（证券简称：钢宝股份，证券代码：834429），住所地：江苏省南京市江北新区智达路 6 号智城园区 2 号楼 4 楼。

范金城，男，1966 年 2 月出生，时任公司董事长。

薛红玉，女，1969 年 9 月出生，时任公司董事会秘书。

经查明，钢宝股份有以下违规事实：

2021 年 11 月 15 日，钢宝股份控股股东南京钢铁股份有限公司（证券简称：南钢股份，证券代码：600282）披露关于分拆钢宝股份至北京证券交易所上市相关公告，钢宝股份未在我司规定信息披露平台同步披露相关信息。

图 5-1　钢宝股份没有遵守北交所对于信息披露的相关规定而被处罚

此消息一经发布，立即引起了市场的关注，为了防止钢宝股份的违规行为对投资者权益及市场造成不良影响，全国股转公司在第一时间按规定执行了相关的监管措施，在 2021 年 11 月 16 日开盘前对钢宝股份的股票进行了紧急停牌，并且要求挂牌公司在规定时间内完成相关信息的披露，真实、充分、全面地披露事件的进展。

随后，全国股转公司研究后决定，对于钢宝股份及其相关责任主体在信息披露方面的违规行为进行的处罚为：出具警示函，记入证券期货市场诚信档案数据库，并要求其在规定时间内完成信息披露制度的优化，按规定披露相关的信息，如无法完成，那么将会从严处罚。另外，国泰君安身为钢宝股份的主办券商，具有督促义务，在此次事件中，其未履行督促责任，全国股转公司对其处罚为：通过约见谈话的形式，要求国泰君安对自身的内控机制进行进一步完善，提高工作协同能力，对自身所承担的督促责任落实到位，并提交书面承诺书。

对于此次事件，全国股转公司表示："对挂牌公司的信息披露违规行为，全国股转公司秉持'零容忍'态度，坚决从严、从快予以打击，切实维护市场'三公'秩序和平稳运行，保护投资者合法权益，保障市场规范发展。"

站在投资者的角度来看，上市公司所披露的相关信息是决定其投资决策的关键因素，要维护投资者的利益，就必须要对上市公司的信息披露进行严格监管。对于资本市场而言，信息披露制度是其健康发展的基础，因此，信息披露制度是必不可少的。

三、北交所上市企业实施股权激励的基本原则

部分公司为了能够将优秀人才留下来，或者为了提高员工的工作积极性，会采取股权激励的方式，这是激励员工最普遍的方式，这样的激励方式与公司的上市计划有着密切联系。一般情况下，股权激励的方式为：企业拿出一定比例的股权，以低于市场价格卖给公司的高管及优秀人才，随着时间的流逝，企业会不断发展，股权的价值也会随之不断提升，在这个时候，员工可以将手上持有的股权卖出，以获得一定的经济利益。

股权激励适用于企业发展的不同阶段，而不同阶段所使用的股权激励方式也并非完全一致。需要强调的是，如果企业有上市的计划，那么在制定股权激励方案的时候，一定要慎重考虑，如果股权激励方案不够完善，那么很有可能会对企业的发展造成影响。

在北交所上市的企业，对于股权激励制度方面也有相关的规定。北交所上市企业的主要股东、实际控制人达到一定条件后，也能够成为股权激励的对

象，激励股权的比例及价格与新三板的现行规定完全一致。该规定为中小企业提供了极大的便利，使其能够更好地通过股权激励的形式留住优秀人才，提高员工的工作积极性。

下面我们先来了解一下《北京证券交易所上市公司持续监管办法（试行）》中股权激励的相关条款。

第五章　股权激励

第二十一条　上市公司以本公司股票为标的实施股权激励的，应当设置合理的考核指标，有利于促进公司持续发展。

第二十二条　单独或合计持有上市公司百分之五以上股份的股东或实际控制人及其配偶、父母、子女，作为董事、高级管理人员、核心技术人员或者核心业务人员的，可以成为激励对象。

上市公司应当充分说明前款规定人员成为激励对象的必要性、合理性。

第二十三条　上市公司向激励对象授予的限制性股票的价格低于市场参考价百分之五十的，或者股票期权的行权价格低于市场参考价的，应当符合北交所相关规定，并应当说明定价依据及定价方式。

出现前款规定情形的，上市公司应当聘请独立财务顾问，对股权激励计划的可行性、相关定价依据和定价方法的合理性、是否有利于公司持续发展、是否损害股东利益等发表意见。

第二十四条　上市公司全部在有效期内的股权激励计划所涉及的标的股票总数，累计不得超过公司股本总额的百分之三十。经股东大会特别决议批准，单个激励对象通过全部在有效期内的股权激励计划获授的本公司股票，累计可以超过公司股本总额的百分之一。

第二十五条　上市公司开展员工持股计划的具体实施规则，由北交所根据中国证监会的相关规定另行制定。

北交所与创业板在股权激励方面的主要差异在于，创业板相关规定要求上市公司用于进行激励的股权不得超过公司股本总额的20%，而北交所则将这一数值提高到了30%，使得中小企业对于股权激励的需求得到了更进一步的满足。

也因此，在北交所上市的公司都在思考一个问题：通过什么样的方式才能够更好地利用北交所的优势，借助股权激励的方式更进一步地提高员工的积极性，以推动公司走上快速发展的道路。对于一家公司而言，人才的重要性是不言而喻的，想要成为一家优秀的公司，必须要做好人才的管理，这是公司治理当中的关键部分。因此，在北交所上市的公司在制定股权激励方案时，一定要满足以下 3 个原则。

1. 在制定股权激励方案时，确定好关键因素

上市公司如果想要用股票期权、限制性股票作为股票激励的奖励，那么主要需要遵守《上市规则》及《上市公司股权激励管理办法》中的相关规定，与主板不同，北交所对于关键因素的要求主要涉及以下几点，如表 5–1 所示。

表 5–1 北交所股权激励关键因素的要求

因素	内　容
激励对象	1. 可以包括上市公司的董事、高级管理人员、核心技术人员或者核心业务人员（经法定程序认定的核心员工），以及公司认为应当激励的对公司经营业绩和未来发展有直接影响的其他员工，独立董事和监事除外 2. 单独或合计持有上市公司 5% 以上股份的股东或实际控制人及其配偶、父母、子女以及上市公司外籍员工，在上市公司担任董事、高级管理人员、核心技术人员或者核心业务人员的，可以成为激励对象。上市公司应当充分说明前述人员成为激励对象的必要性、合理性
激励价格	1. 限制性股票授予价格低于市场参考价的 50%，或者股票期权行权价格低于市场参考价的，上市公司应当聘请独立财务顾问对股权激励计划的可行性、相关定价依据和定价方法的合理性、是否有利于公司持续发展、是否损害股东利益等发表意见 2. 前款所称的市场参考价是指股权激励计划草案公布前 1 个交易日、20 个交易日、60 个交易日或 120 个交易日股票交易均价孰高者
激励数量	1. 上市公司全部在有效期内的股权激励计划所涉及的标的股票总数，累计不得超过公司股本总额的 30% 2. 经出席会议的股东所持表决权的三分之二以上通过，单个激励对象通过全部在有效期内的股权激励计划获授的本公司股票，累计可以超过公司股本总额的 1%

根据上表中的内容我们可以看出，北交所主要是满足中小企业的需求，所以其注册制有了一定的变化，在激励对象、激励价格、激励数量等方面都进行了一定程度的放宽，因为在北交所上市的企业基本上都是中小企业，企业规模不大且都处于创业初期，北交所股权激励条件的放宽，能够更好地满足中小企业的需求。

另外，不得不提的是，北交所对于股权激励对象当中的核心人员作出了明确规定，核心人员必须经过程序认定。《非上市公众公司监督管理办法》第四十三条规定中明确提出“核心员工的认定，应该由公司董事会提名，并向

全体员工公示和征求意见，由监事会发表明确意见后，经股东大会审议批准”，而在主板上市的公司则并无这一要求。

2. 股权激励的实施流程必须是合法合规的

2020 年 8 月 21 日证监会监管会发布的〔2020〕57 号《非上市公众公司监管指引第 6 号——股权激励和员工持股计划的监管要求（试行）》中对股权激励实施流程进行了明确规定。北交所的上市公司在进行股权激励的时候，也需要遵守这一规定。在上述文件尚未实施的时候，不少新三板上市公司在进行股权激励的时候，实施程序有着极大的问题，主要包括信息披露不及时、运作不规范等，导致这些公司受到了相应的处罚。因此，哪怕是在北交所上市，也要遵守相关的法律法规，必须确保股权激励的流程合法合规、切实可行。

3. 结合自身情况设计

公司处于不同的发展阶段时，所需要的资源也是不同的，在北交所上市的公司大多为中小企业，仍处于发展的初期，此时，企业的未来发展仍有无限可能。因此，在制定股权激励方案的时候，一定要设计好激励股权的比例、激励价格等关键因素，一定要充分考虑到自身的实际情况，制定一个完善的、科学的、符合自身发展需求的股权激励方案。

四、北交所上市企业员工持股计划

我们首先来了解一下《北京证券交易所上市公司持续监管办法（试行）》中关于员工持股计划的相关条款。

第四章　股份减持

第十八条　股份锁定期届满后，上市公司控股股东、实际控制人、董事、监事、高级管理人员及其他股东减持向不特定合格投资者公开发行并上市前的股份以及上市公司向特定对象发行的股份，应当遵守北交所有关减持方式、程序、价格、比例以及后续转让等事项的规定。

> **第十九条** 上市时未盈利的公司，其控股股东、实际控制人、董事、监事、高级管理人员所持向不特定合格投资者公开发行并上市前的股份锁定期应当适当延长，具体期限由北交所规定。
>
> **第二十条** 上市公司股东、实际控制人、董事、监事、高级管理人员减持股份应当按照中国证监会和北交所的要求及时履行信息披露义务。
>
> 持股百分之五以上股东、实际控制人、董事、监事、高级管理人员计划通过北交所集中竞价交易减持股份，应当在首次卖出的十五个交易日前预先披露减持计划，并按照北交所的规定披露减持计划实施情况；拟在三个月内减持股份的总数超过公司股份总数百分之一的，还应当在首次卖出的三十个交易日前预先披露减持计划。
>
> 持股百分之五以上股东、实际控制人减持其通过北交所和全国股转系统竞价或做市交易买入的上市公司股份，不适用前款规定。

除此之外，《北京证券交易所股票上市规则（试行）》《北京证券交易所上市公司持续监管指引第 3 号——股权激励和员工持股计划》等文件明确规定了北交所上市公司的员工持股计划及股权激励方式。而且在设计员工持股计划时，还需要严格落实《关于上市公司实施员工持股计划试点的指导意见》中的相关规定。在此，我们将诸多文件实施员工持股计划的要点进行归纳，如表 5-2 所示。

表 5-2 北交所员工持股计划实施的要点

要点	内　容
参加对象	公司员工，包括管理层人员
资金来源	员工的合法薪酬及其他合法来源
股票来源	上市公司回购本公司股票，二级市场购买，认购非公开发行股票，股东自愿赠与
持股锁定期限	每期员工持股计划的持股期限不得低于 12 个月，以非公开发行方式实施员工持股计划的，持股期限不得低于 36 个月
持股规模	全部有效的员工持股计划所持有的股票总数累计不得超过公司股本总额的 10%，单个员工所获股份权益对应的股票总数累计不得超过公司股本总额的 1%
管理方式	通过员工持股计划持有人会议选出代表或设立相应机构，监督员工持股计划的日常管理，代表员工持股计划持有人行使股东权利，或者授权资产管理机构行使股东权利

那么，企业想要在北交所上市，员工持股计划实施的程序是怎么样的呢？一般来说，主要包括以下 6 步。

第一，员工持股计划的草案由董事会拟定。

第二，召开董事会对草案当中的条款进行审议，如某些条款不通过，需及时更改。在这个过程中需要注意：独立董事也要参与条款审议并发表自己的意见，拟定草案的相关董事需要在表决的时候回避。

第三，董事会审议通过后，再由监事会对议案进行审议，在此过程中，监事会必须要从几个方面提出意见：公司的利益及全体股东的利益是否会因为员工持股计划的实施而遭到损害；公司的持续经营发展是否会因为员工持股计划的实施而产生负面影响；员工持股计划的参与对象，即拟持股的员工是否满足相关规定的条件；员工持股计划是否要通过强行分配、摊派等方式强制参与。

第四，监事会审议通过后，再由职工代表大会进行审议，听取员工的意见。

第五，职工代表大会通过后，员工持股计划就相当于正式完成了，但这个时候，还无法实施，还需要由专业的律所根据员工持股计划中的内容出具法律意见书，并在召开股东大会的前 2 个交易日对法律意见书进行公告。法律意见书中的主要内容有：公司拟实施的员工持股计划是否完成了相应的审批程序，是否满足现行法律法规的要求，是否根据相关规定完成了信息披露等。

第六，当完成了上述流程之后，接下来要做的，就是召开股东大会对员工持股计划进行审议，如审议通过，那么该计划就可以实施了。在这个过程中要注意：在投票表决时，中小股东需单独进行计票，关联股东要回避；员工持股计划的审议是否通过，需要在股东大会结束的 2 个交易日内进行披露。

需要注意的是，在员工持股计划的合法性上，北交所与新三板要求的法律意见书出具主体是不一样的，北交所要求的出具主体为律师事务所，而新三板要求的出具主体为主办券商。

另外，如果要将定向发行的股票用作员工持股计划，那么还必须要完成以下程序。

第一，发行人审议。

（1）员工持股计划的具体实施方案、本次员工持股计划募集资金使用的可行性还有必须明确的事项，需要召开董事会进行审议，审议通过后，还需经过股东大会批准。在这个过程中，独立董事需要针对具体事项提出相关意见。如果上市公司出于各种原因，希望引入战略投资者，同样需要将其作为一项单独的议案，由董事会进行审议。要注意的是，如引入多名战略投资者，不能同时进行审议，需分开进行单独审议。董事会、股东大会审议结束后，需及时进行信息披露并在 10 个交易日内向北交所进行报备。

（2）董事会审议通过后，再交由监事会进行审议，并需要结合本次审议的情况，提出书面审核意见。

（3）召开股东大会进行决议。要强调的是，由于定向发行股票属于特别决议事项，所以决议需要提供网络投票的途径，且达到 2/3 以上的投票权才能够通过决议。

（4）最后，如果出席会议的股东自身持股比例在 5% 以下，那么公司还需要进行单独计票并按相关规定进行披露。

第二，审核与注册。

完成发行人审议后，接下来要做的就是审核与注册。

（1）根据员工持股计划撰写注册申请文件，并找一名保荐人，由保荐人将文件交给北交所进行申报。

（2）北交所收到文件后，按流程进行受理。获得受理通知书的当天，上市公司需进行信息披露，披露的内容包括：受理通知书、发行保荐书、募集说明书、审计报告、上市保荐书、法律意见书。

（3）北交所上市委员会要在规定时间内完成申请文件的审核，审核通过后需出具相关审议意见。

（4）如上市公司按照规定完成了信息披露，且满足发行条件，那么北交所会把上市公司注册申请文件、审核意见等相关资料上报中国证监会。

（5）在收到资料后的 15 个工作日内，中国证监会需要完成对资料的审核，并决定是否同意注册或不予注册。如果同意注册，那么上市公司必须在收到通知后的 2 个交易日内，完成相关文件及信息的披露。

最后，还需要强调两点：一是如定向发行股票属于自办发行，也就是上市公司向前十名股东、实际控制人、董事、监事、高级管理人员及核心员工定向发行股票，连续 12 个月内发行的股份未超过公司总股本的 10% 且总额不超过 2000 万元，就不需要聘请律师事务所提供法律意见书，也不需要证券公司提供保荐文件；二是在北交所上市的公司与新三板上市公司在定向发行方面的规定是不完全相同的，北交所上市公司除了需要律师出具《法律意见书》《关于申请电子文件与预留文件一致的鉴证意见》，还需要提供《关于上市公司董事、监事、高级管理人员以及上市公司控股股东、实际控制人在相关文件上签名盖章的真实性的鉴证意见》及《律师工作报告》等文件。

五、对企业重大资产重组的监督

许多上市公司遇到部分特殊情况的时候，会选择对重大资产进行重组，但资产重组是有明确规定的，北交所也不例外，区别在于，北交所充分考虑到了中小企业的实际情况，对重大资产重组的认定标准进行了相应的调整，如表 5-3 所示。

表 5-3　重大资产重组的认定标准相关条款

要素	内　容
重组标的	上市公司实施重大资产重组或者发行股份购买资产的，标的资产应当符合北交所相关行业要求，或者与上市公司处于同行业或上下游
重组标准	（1）购买、出售的资产总额占上市公司最近一个会计年度经审计的合并财务会计报告期末资产总额的比例达到 50% 以上 （2）购买、出售的资产在最近一个会计年度所产生的营业收入占上市公司同期经审计的合并财务会计报告营业收入的比例达到 50% 以上，且超过 5000 万元 （3）购买、出售的资产净额占上市公司最近一个会计年度经审计的合并财务会计报告期末净资产额的比例达到 50% 以上，且超过 5000 万元 若北交所上市公司实施重大资产重组构成重组上市的，置入资产的具体条件由北交所制定

（续表）

要素	内　　容
发行底价	上市公司发行股份购买资产的，发行股份的价格不得低于市场参考价的 80%，市场参考价为本次发行股份购买资产的董事会决议公告日前 20 个交易日、60 个交易日或者 120 个交易日的公司股票交易均价之一
审核注册程序	北交所对重大资产重组进行审核，涉及发行股份购买资产的，北交所审核通过后报中国证监会履行注册程序

北交所《持续监管办法》中明确了上市公司重大资产重组行为需遵守的规定，另外，针对北交所的实际情况还发布了《北京证券交易所上市公司重大资产重组审核规则（试行）》及《公开发行证券的公司信息披露内容与格式准则第 56 号——北京证券交易所上市公司重大资产重组》两份文件。一经发布，就引起了资本市场的轰动，大家再一次将目光集中在了重大资产重组的监管问题上。本节将会和大家一起探讨重大资产重组的监管体系，对重大资产重组监管的关键内容进行全面分析以及北交所与其他交易所在重大资产重组监管上的不同之处。

1. 重大资产重组监管体系

重大资产重组监管体系主要包括 4 个方面的内容：法律、部门规章、规范性文件、自律规则。

（1）法律。

法律方面主要涉及《中华人民共和国证券法》《中华人民共和国公司法》这两部法律法规，但在这两部法律法规中都没有对重大资产重组提出明确的规定，大多为原则性规定，这也导致了在重大资产重组的法律监管上，有着极大的可操作性。

（2）部门规章。

部门规章方面主要涉及《上市公司重大资产重组管理办法》（以下简称为《重组办法》），《重组办法》是由证监会基于《关于上市公司重大购买、出售、置换资产若干问题的通知》进行优化、改进后提出的，其中明确规定了上市公司在进行重大资产重组的过程中应履行的程序、需要遵守的原则、信息披露方面的管理以及发行股份购买资产所需要承担的法律责任及监管办法。除此之外,《重组办法》还补充完善了特别重大资产重组的第二类行为。《重组办法》发布之前，我国对于重大资产重组方面的监管长时间处于空缺状态，可以说，我国重大资产重组监管体系都是基于《重组办法》而建立的。

截至目前,《重组办法》一共修订了4次，第2次修订版中明确规定了“借壳上市”的 IPO 发行条件及锁股条件，第 3 次、第 4 次修订版主要是对“借壳上市”的条件进行了细化。

（3）规范性文件。

规范性文件方面主要涉及两份文件，分别是《证券期货法律适用意见》（以下简称《适用意见》)、《关于规范上市公司重大资产重组若干问题的规定》（以下简称《问题规定》)。这两份文件的内容主要是对上市公司的特殊交易、信息披露、借壳上市、定价事项、重组业绩这五个方面提出了明确的规定。从本质上来讲，这两份文件都基于《重组办法》，对《重组办法》中的相关内容进行了更为全面的分析和细化。

对于上市公司而言，重大资产重组并不是一件容易的事情，在这个过程中经常会出现许多无法预料的事情，因此，单凭《重组办法》这份文件不足以规范重大资产重组行为，无法实施有效监管。而《适用意见》和《问题规定》的发布，就是为了对《重组办法》进行细化，指引上市公司重大资产重组的方向。

由于监管重大资产重组的规范性文件数量越来越多，所以上市公司在进行重大资产重组行为的时候必须仔细阅读每一份相关文件，确保该行为符合相关规定。

（4）自律规则。

自律规则方面主要涉及全国中小企业股份转让系统有限责任公司及沪深交易所发布的相关规定文件，这些文件主要可以分为 3 个类别，如图 5–2 所示。

图 5-2　自律规则相关文件类别

自律规则是指自律监管机构在长时间的监管过程中，根据上市公司进行重大资产重组的实际情况，加以总结提炼后所提出的规定，这些规定往往更贴合实际，能够更好地满足上市公司的重大资产重组需求。

自律规则与部门规章最大的不同在于，前者具有针对性，能够更好地解决企业遇到的问题，灵活性也更强，不同的企业拥有不同的重大资产重组方法。

2. 重大资产重组监管的关键部分分析

虽然有很多文件都对重大资产重组提出了监管规定，但这些规定其实都有一个核心——信息披露及审核机制。

（1）信息披露方面的监管。

信息披露是重大资产重组的关键，上市公司在进行重大资产重组行为时，必须要全面、详细地披露相关信息，并对信息的真实性负责。重大资产重组信息披露主体主要包括上市公司、交易对象，两者的相关主体，证券服务机构及独立财务顾问。相关法律法规也对这些信息披露主体所需要承担的责任与义务进行了详细的规定。

接下来我们来看一个例子。德力西新疆交通运输集团股份有限公司（以下简称德力西）在2020年12月31日向公众披露了《重大资产购买报告书（草案)》。这份草案中提出，德力西拟收购东莞致宏精密模具有限公司（以下简称东莞致宏）100% 股权。为了此次收购能够顺利完成，德力西聘请了长江证券承销保荐有限公司（以下简称长江证券）担任本次收购的财务顾问，长江证券又将该次收购交由刘某、谌某负责。

在本次收购过程中，由于刘某、谌某两人的失误，导致在最后的审核阶段出现问题，收购未能完成。证监会收到相关资料后，第一时间开始了审核，在审核过程中发现拟收购的东莞致宏的信息披露不及时、不完善，内部治理体系存在严重问题。长江证券作为本次收购的财务顾问，在审查过程中没有发现拟收购公司在研发费用核算金额、订单确认、代垫代付、职工薪酬体外流转等多方面存在的问题，被上交所采取了监管措施，追究相关人员的责任，并给予监管警示。

从这个例子中我们能够看出，信息披露对于重大资产重组是非常重要的，相关信息必须按照相关规定进行披露。

重大资产重组的信息披露主要包括几个方面，如图 5-3 所示。

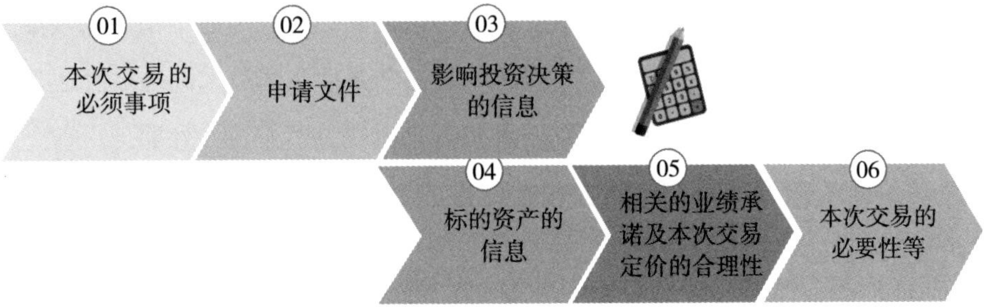

图 5-3　重大资产重组的信息披露

在上述案例中，虽然德力西并不存在信息披露方面的问题，但东莞致宏作为标的资产，信息披露严重违规，导致了此次交易无法完成。这也就意味着，重大资产重组的标的资产同样需要受到严格的监管。在 2020 年，同样发生过一起因标的资产信息披露违规而导致交易无法完成的情况：天山生物的股票价格在 12 个交易日的时间里不断上涨，涨幅高达 500%，被资本市场称为“妖股”，而这一现象也使证监会的目光集中在了它身上。经核查，天山生物的股票暴涨并不存在市场操纵行为，但存在严重的信息违规披露行为：天山生物在进行重大资产重组的过程中，大象广告作为标的公司，并未如实公布其为关联方提供了 6100 万元的担保及进行了 1.09 亿元非经营性资金往来，天山生物也并未发现这一情况，导致其披露的《实施情况报告书》《重组报告书》存在不准确的问题，最终被证监会处以罚款 30 万元，责令改正的行政处罚。

（2）重大资产重组审核标准。

上市公司在进行重大资产重组的过程中，需要面对极为严格的审核标准。标的资产的性质、营业收入、净利润值等都有相关的明确规定。除此之外，审核办法中还明确规定了上市公司的实际控制人及控股股东减持股份时的具体要求。

重大资产重组审核标准中对于标的资产审核提出了明确的规定：标的公司的营业收入及净利润满足了相关条件后，才可进行重大资产重组，标的公司的交易对象应根据相关规定，对标的公司的条件进行自查。

接下来，我们再来看一个例子。中设股份曾经计划收购悉地设计 100% 股份，但在自查的过程中发现，标的公司因为恒大集团商业承兑汇票逾期未能兑付，导致公司的营业收入及净利润未能满足相关条件，随后果断地放弃了这次重大资产重组，并及时进行了信息披露。因此也避免了监管的处罚。

从中我们能够看出，上市公司在进行重大资产重组的时候，除了需要全面判断自身是否满足相关条件之外，还需要对标的公司进行细致入微的审查，避免因违规而遭受处罚。

六、对企业停牌、复牌、退市的监督

投资者在购买股票的时候，会发现有的股票出现过停牌、复牌、退市等情况。接下来，我们就来了解一下股票停牌、复牌、退市是什么？什么情况会导致股票出现停牌？股票停牌会造成什么影响？股票停牌后，投资者应该做什么?

绝大多数情况下，股票停牌都有一个规定的时间，在规定时间内，如上市证券能够解决其存在的问题，满足重新上市的条件，那么就需要提交相关证明，交由交易所审核，审核通过后发布“恢复上市通知书”，得到该通知书后，证券就能够恢复上市，也就是“复牌”。如在规定时间内，上市证券未能解决其存在的问题，那么就会被终止上市，也就是“退市”。需要强调的是，无论是停牌还是复牌，都需要向主管机构进行备案，并且由交易所发布相关公告，不同交易所对于停牌复牌的规定也不同。

1. 股票停牌

股票停牌其实就是指“停止证券上市”。证券上市后，证券交易所会按照相关规定，对其进行定期或不定期的审核，审核过程中如发现该证券存在违规行为或其他不宜继续上市的行为，交易所就会发布“停止证券上市通知书”，暂停该股票的上市，也就是所谓的“停牌”。股票停牌时，通常会发布类似于以下的公告，如图 5–4 所示。

北交所为了使投资者的利益得到更好的保护，使市场交易的连续性不被破坏，提出了少停、短停、分阶段停的监管原则。少停是指非必要不停牌，短停是指尽量缩短停牌的时间。

北交所对于停牌市场及停牌情形进行了相关规定，停牌市场与上市公司现行制度保持一致，停牌情形在全国股转系统的基础上进行了深化和细分，相对而言更加灵活。

在停牌与复牌的过程中，上市公司需遵守交易所的相关规定，北交所明确提出“不得滥用停复牌机制，不得利用停牌替代信息保密”。上市公司需要对广大投资者负责，需要保证证券交易具有连续性，非重大特殊情况不得申请停牌，不得通过停牌或复牌的方式对投资者的合法权益造成损害。在筹划重大事项时，必须要根据实际进展，按规定进行分阶段的信息披露，不得通过停牌的方式暂停信息披露。接下来，我们就来了解一些关于停牌的信息。

第一，上市公司提出停牌申请的情形。

证券代码：300827　　证券简称：上能电气　　公告编号：2021-41

上能电气股份有限公司
关于公司股票交易异常波动及严重异常波动
暨停牌核查的公告

本公司及董事会全体成员保证信息披露的内容真实、准确、完整，没有虚假记载、误导性陈述或重大遗漏。

特别风险提示：

1、公司于2021年7月29日、7月30日连续两个交易日收盘价格涨幅偏离值累计超过了30%，根据《深圳证券交易所创业板交易特别规定》的规定，以上情形属于股票交易异常波动的情形。

2、公司股票交易价格自2021年7月22日至7月30日，连续10个交易日内收盘价格涨幅偏离值累计达到100%；公司股票交易价格自2021年7月21日至7月30日连续10个交易日内3次收盘价出现涨幅偏离值累计达30%的同向异常波动情形。根据《深圳证券交易所创业板交易特别规定》的规定，上述两种情形属于股票交易严重异常波动的情形。

上能电气股份有限公司（以下简称“公司”）于2021年7月29日、7月30日连续两个交易日收盘价格涨幅偏离值累计超过了30%，根据《深圳证券交易所创业板交易特别规定》的规定，以上情形属于股票交易异常波动的情形。

公司股票交易价格自2021年7月22日至7月30日、连续10个交易日内收盘价格涨幅偏离值累计达到100%；公司股票交易价格自2021年7月21日至7月30日连续10个交易日内3次收盘价出现涨幅偏离值累计达30%的同向异常波动情形。根据《深圳证券交易所创业板交易特别规定》的规定，上述两种情形属于股票交易严重异常波动的情形。

图 5–4　企业停牌公告

上市公司如有以下情形，可向交易所提出停牌申请。

（1）计划通过发行股票的方式购买资产。

（2）计划进行重大资产重组。

（3）破产重组。

（4）计划进行公司实际控制权的变更。

（5）计划进行要约收购。

（6）计划进行股票转板。

（7）《上市规则》中的其他停牌事项。

第二，停牌的时间需根据不同的情况确定。

（1）计划通过发行股票购买资产的，停牌时间在 10 个交易日内。

（2）计划进行重大资产重组，并在重组报告书公布后，如上市公司需对重组方案进行重大调整，停牌时间在 5 个交易日内。如重组报告书未公布之前，相关信息造成了严重泄漏，那么上市公司应及时向交易所申请停牌。

（3）上市公司破产重组，一般情况下不进行停牌，如必须停牌，需要分阶段对相关事项进行信息披露，停牌时间原则上在 5 个交易日内。

第三，连续停牌总时长。

如上市公司证券被暂停上市，且在规定时间内无法解决存在的问题，但国家相关部门对停复牌时间有另外规定的，原则上停牌时间需在 25 个交易日内。

第四，没有根据相关规定进行信息披露。

如果上市公司出现中期报告及年度报告未在规定时间内披露的情况，那么需要根据《上市规则》第十章中的相关内容，对股票进行停复牌。

如果上市公司出现季度报告未在规定时间内披露的情况，那么需要在规定报告披露日期的次一交易日停牌一天。

第五，股票交易异常波动。

在股票市场上，经常会出现股票交易异常波动的情况，如出现这一情况，那么上市公司需要在股票异常波动的当天交易日结束后，次一交易日开始前，针对股票异常波动情况进行信息披露，如没有及时披露，那么将会被交易所停牌，必须进行信息披露后才可复牌。

第六，进行要约收购。

当上市公司计划进行要约收购的时候，公司应该向交易所申请停牌，停牌时间为要约收购期限届满的次一交易日至要约收购结果公告之前。

上市公司在停牌期间，仍需要进行信息披露，应根据所筹划重大事项的实际情况，分阶段进行进展信息公布，且每 5 个交易日内必须进行至少一次信息披露。

披露的内容要全面、具体，避免出现笼统披露的情况，披露的内容主要涉及停牌期间重大事项筹划的进展、停牌期间上市公司的主要公示、停牌对公司股票会带来何种影响及该公司停牌时相关事项所存在的风险与不确定性。如重大事项筹划因各种原因被迫终止，那么上市公司还需要真实地反映全面、详细的原因及进行的相关决策程序。

2. 股票复牌

复牌是指股票停牌并解决了相关问题后，重新上市进行交易。股票改革之后，股票复牌后的第一个交易日不受涨跌幅的限制，而部分没有进行股票改革的交易所复牌后的第一个交易日同样需要受到涨跌幅的限制。证券交易所之所以要通过停牌的方式限制股票，其实是为了更好地对上市公司进行监管，确保上市公司按照相关规定公平公正地进行信息披露，以及为投资者的利益提供保护。

需要注意的是，上市公司在遇到某些特殊情况的时候，也能够在满足相关规定的条件下，向交易所申请停牌与复牌，交易所收到申请后，需结合具体情况，在中国证监会的监督下，决定是否对申请股票实行停牌与复牌措施。股票复牌时，通常会发布类似于以下的公告，如图 5-5 所示。

证券代码：601766（A 股）　股票简称：中国南车（A 股）　编号：临 2015-070

证券代码：1766（H 股）　股票简称：中国南车（H 股）

中国中车股份有限公司
关于公司股票复牌的公告

本公司董事会及全体董事保证本公告内容不存在任何虚假记载、误导性陈述或者重大遗漏，并对其内容的真实性、准确性和完整性承担个别及连带责任。

中国南车股份有限公司（以下简称“中国南车”）与中国北车股份有限公司（以下简称“中国北车”）合并（以下简称“本次合并”）的换股实施工作已经完成，本公司股票简称将由“中国南车”变更为“中国中车”，变更日期为 2015 年 6 月 8 日。

根据相关规定，经申请，本公司股票将于 2015 年 6 月 8 日开市起复牌。

图 5-5　企业复牌公告

值得一提的是，北交所停牌、复牌也有可能会遇到特殊情况，需要进行特殊处理，主要包括以下 4 种情况。

第一，暂停办理。

如果证券市场交易发生了极为特殊的异常情况，那么交易所可以根据实际需要，对上市公司的停牌申请作出暂停办理的决定。

第二，不予受理。

如上市公司在需要进行重大事项筹划的情况下申请停牌，但相关条件不达标，不满足相关规定，那么交易所可以选择不予受理。

第三，决定复牌。

如上市公司的股票停牌后，出现以下情况，那么交易所就会要求该公司及时申请复牌：停牌申请当中涉及的相关事由并不成立；停牌申请已不符合相关规定等。如果上市公司没有按照相关规定进行复牌申请，那么交易所有权自行决定进行复牌，并要求上市公司对相关情况进行披露并作出完善的说明。

第四，强制停牌、复牌。

如果上市公司存在重大违法违规问题，并且没有根据相关要求进行改正，那么交易所有权自行对公司的股票进行强制停牌和复牌。当交易所对公司的股票及衍生品种进行强制停牌或复牌，那么上市公司同样需要在第一时间对相关的内容进行披露。

3. 股票退市

如果上市证券被停牌，并且在规定时间内仍未能解决其存在的问题，就会被终止上市，也就是退市。退市，简单来说就是退出市场，从上市公司变为非上市公司。退市分为主动和被动两种情况，上市公司在特殊情况下，可主动提出退市，这属于主动退市；因违反相关规定，被交易所终止上市，这属于被动退市。无论是哪种情况，退市都需要经过严格的审查程序。股票退市时，通常会发布类似于以下的公告，如图 5–6 所示。

关于终止为乐视网信息技术（北京）股份有限公司提供证券交易所市场A股登记服务的公告

时间：2020-07-27　　字体：大 中 小

因乐视网信息技术（北京）股份有限公司 A股（证券简称：乐视退，证券代码：300104）已在深圳证券交易所终止上市，我公司自2020年7月24日起终止为其提供证券交易所市场的A 股登记服务，我公司与该公司之间的涉及证券交易所市场的A 股证券登记关系自同日起终止。

我公司根据有关规定已将相应的证券登记数据移交给乐视网信息技术（北京）股份有限公司，其中包括持有人名册、我公司办理的冻结股份明细表、质押登记明细表、在证券公司的托管情况、股本结构表等。

原由证券公司受理的乐视网信息技术（北京）股份有限公司的司法冻结、质押登记等业务，证券公司应当在推荐乐视网信息技术（北京）股份有限公司在全国股份转让系统挂牌的主办券商招商证券股份有限公司开始为投资者办理股份确权之前，将相关数据及书面材料移交招商证券股份有限公司，否则由此引起的一切法律责任由原受理的证券公司承担。

特此公告。

中国证券登记结算有限责任公司深圳分公司
二〇二〇年七月二十四日

图 5-6　企业退市公告

如果想要提高资本市场的活力及质量，就必须拥有一个完善的退市制度，将不合格、没有盈利能力的企业清出市场。《北京证券交易所股票上市规则（试行）》中明确提出了强制退市的类别，主要分为财务类、交易类、规范类及重大违法类。其中，财务类强制退市是最常见的，和投资者的利益息息相关。财务类强制退市主要有以下有 5 种情况。

（1）最近会计年度审计后的营业收入低于 5000 万元且净利润为负。

（2）最近会计年度审计后的期末净资产为负值。

（3）最近会计年度的财务会计报告的审计报告意见为否定或无法出具意见。

（4）最近会计年度的年度报告出现误导性陈述、虚假记载及重大遗漏，已经被相关机构出具处罚决定书。

（5）北交所认定的其他情形。

如果上市公司存在一条或多条上述情况，那么交易所就会对上市公司进行退市风险警示。如上市公司受到警示后，在次年仍无法解决存在的问题，交易所就会实施退市程序。

如上市公司被交易所强制退市，就会进入为期 15 个交易日的退市整理期。在这段时间内，如果上市公司的股票处于停牌状态，那么停牌时间不会纳入退市整理期时间，但停牌时间必须在 5 个交易日内。

当上市公司被要求强制退市后，就会开始进行退市程序。根据《北京证券交易所股票上市规则（试行）》中的相关规定，退市程序需要先由交易所发布风险警示，再由上市委员会进行审议。

当上市公司退市程序结束，正式退市后，会出现两种情况：满足其他层上市条件的，转移到其他层继续上市；不满足其他层上市条件或存在重大违法行为的，转移到退市公司板块成为非上市公司，当公司再次满足上市条件后，可再次进行上市申请。

第六章 北交所交易与转板规则

自从北交所成立以来，证监会源源不断地提出与发布新准则，以此来完善北交所。北交所的发展进程比预想中的要快，企业上市申报也在如火如荼地进行。在北交所上市，企业还需要了解其交易与转板规则。

一、以连续竞价为核心的北交所交易制度

集合竞价和连续竞价是目前股市成交的两种方式，其中连续竞价是较多投资者选择的成交方式，具体来说就是在股市开盘之后，投资者自行将价格、数量等信息上传后，由系统进行组合，最后实现成交。

北交所交易制度仍以连续竞价为核心，整体上来说是延续了精选层的做法，但同时又做出了适当调整。这种情况下的《北京证券交易所交易规则》，既考虑了中小企业股票交易特点，同时也使市场交易能够稳定发展下去。具体来说，北交所以连续竞价为核心的交易制度主要内容如表 6–1 所示。

表 6–1 以连续竞价为核心的北交所交易制度总结

交易方式	2.2.1 本所股票可以采取下列交易方式： （一）竞价交易； （二）大宗交易； （三）盘后固定价格交易； （四）中国证监会批准的其他交易方式。

（续表）

<table>
<tr><td colspan="2">交易方式</td><td>盘后固定价格交易的具体事宜由本所另行规定。
因收购、股份权益变动或引进战略投资者等原因需要进行股票转让的，可以申请协议转让，具体办法另行规定。
2.2.2 经中国证监会批准，竞价交易可以引入做市商机制。</td></tr>
<tr><td rowspan="3">竞价交易</td><td>交易方式</td><td>3.4.1 证券竞价交易采用集合竞价和连续竞价两种方式。
集合竞价是指对一段时间内接受的买卖申报一次性集中撮合的竞价方式。
连续竞价是指对买卖申报逐笔连续撮合的竞价方式。
3.4.2 当前竞价交易阶段未成交的买卖申报，自动进入当日后续竞价交易阶段。</td></tr>
<tr><td>申报规则</td><td>3.3.1 本所接受交易参与人竞价交易申报的时间为每个交易日 9:15 至 9:25、9:30 至 11:30、13:00 至 15:00。
每个交易日 9:20 至 9:25 的开盘集合竞价阶段、14:57 至 15:00 的收盘集合竞价阶段，本所交易主机不接受撤销申报；在其他接受申报的时间内，未成交申报可以撤销。
本所可以调整接受申报的时间。
3.3.3 除另有规定外，本所接受交易参与人的限价申报和市价申报。
3.3.4 本所接受下列类型的市价申报：
（一）对手方最优价格申报，即该申报以其进入交易主机时，对手方最优价格为其申报价格；对手方无申报的，申报自动撤销；
（二）本方最优价格申报，即该申报以其进入交易主机时，本方最优价格为其申报价格；本方无申报的，申报自动撤销；
（三）最优 5 档即时成交剩余撤销申报，即该申报在对手方最优 5 个价位内以对手方价格为成交价依次成交，剩余未成交部分自动撤销；
（四）最优 5 档即时成交剩余转限价申报，即该申报在对手方最优 5 个价位内以对手方价格为成交价依次成交，剩余未成交部分按本方申报最新成交价转为限价申报；如该申报无成交的，按本方最优价格转为限价申报；如无本方申报的，该申报撤销；
3.3.8 通过竞价交易买卖股票的，单笔申报数量应当不低于 100 股。
卖出股票时，余额不足 100 股的部分应当一次性申报卖出。
3.3.9 股票竞价交易单笔申报最大数量应当不超过 100 万股。</td></tr>
<tr><td>涨跌幅限制</td><td>3.3.11 本所对股票交易实行价格涨跌幅限制，涨跌幅限制比例为 30%。价格涨跌幅限制以内的申报为有效申报，超过价格涨跌幅限制的申报为无效申报。
涨跌幅限制价格的计算公式为：涨跌幅限制价格 = 前收盘价 ×（1 ± 涨跌幅限制比例）。
经中国证监会批准，本所可以调整股票的涨跌幅限制比例。
3.3.12 具有下列情形之一的，股票交易无价格涨跌幅限制：
（一）向不特定合格投资者公开发行的股票上市交易首日；
（二）退市整理期首日；
（三）中国证监会或本所规定的其他情形。
前款第一项情形不包括上市公司增发的股票。</td></tr>
</table>

（续表）

竞价交易	连续竞价申报有效价格范围	3.3.13 有价格涨跌幅限制和无价格涨跌幅限制的股票，在连续竞价阶段的限价申报应当符合下列要求，否则为无效申报： （一）买入申报价格不高于买入基准价格的 105% 或买入基准价格以上 10 个最小价格变动单位（以孰高为准）； （二）卖出申报价格不低于卖出基准价格的 95% 或卖出基准价格以下 10 个最小价格变动单位（以孰低为准）。
	临时停牌机制	4.2.5 无价格涨跌幅限制的股票竞价交易出现下列情形之一的，本所可以对其实施盘中临时停牌： （一）盘中交易价格较当日开盘价首次上涨或下跌达到或超过 30% 的； （二）盘中交易价格较当日开盘价首次上涨或下跌达到或超过 60% 的。 单次临时停牌的持续时间为 10 分钟，股票停牌时间跨越 14:57 的，于 14:57 复牌并对已接受的申报进行复牌集合竞价，再进行收盘集合竞价。
	异常波动情形	5.4.2 股票竞价交易出现下列情形之一的，属于异常波动，本所公告该股票异常波动期间累计涨跌幅、成交量和成交金额，以及异常波动期间累计买入、卖出金额最大 5 家会员证券营业部或交易单元的名称及其各自的买入、卖出金额： （一）最近 3 个有成交的交易日以内收盘价涨跌幅偏离值累计达到 ±40%； （二）中国证监会或者本所认定属于异常波动的其他情形。 前款所述最近 3 个有成交的交易日，是指在最长不超过 20 个交易日的期限以内股票最近 3 个有成交的交易日。 收盘价涨跌幅偏离值为单只股票涨跌幅与对应基准指数涨跌幅之差。基准指数由本所向市场公告。 5.4.3 异常波动指标自本所公告之日起重新计算。本所可以根据市场情况，调整异常波动的认定标准。 无价格涨跌幅限制的股票不纳入异常波动指标的计算。
大宗交易		3.6.1 股票交易单笔申报数量不低于 10 万股，或者交易金额不低于 100 万元人民币的，可以采用大宗交易方式。 本所可以根据市场情况调整大宗交易的最低限额。 3.6.2 投资者可以采用成交确认委托方式委托会员进行大宗交易。 3.6.3 本所接受成交确认申报的时间为每个交易日的 9:15 至 11:30、13:00 至 15:30。 3.6.4 每个交易日的 15:00 至 15:30 为大宗交易的成交确认时间。 3.6.5 有价格涨跌幅限制的股票，大宗交易的成交价格由买卖双方在当日价格涨跌幅限制范围内确定。 无价格涨跌幅限制的股票，大宗交易的成交价格应当不高于前收盘价的 130% 或当日已成交的最高价格中的较高者，且不低于前收盘价的 70% 或当日已成交的最低价格中的较低者。

（续表）

交易异常情况的认定	6.1 本所对证券交易过程中出现的下列事项，予以重点监控： （一）涉嫌内幕交易、操纵市场等违法违规行为； （二）可能影响证券交易价格或者证券成交量的异常交易行为； （三）证券交易价格或者证券成交量明显异常的情形； （四）买卖证券的范围、时间、数量、方式等受到法律法规、部门规章及本所业务规则限制的行为； （五）本所认为需要重点监控的其他事项。 6.2 可能影响证券交易价格或者证券成交量的异常交易行为包括： （一）可能对证券交易价格产生重大影响的信息披露前，大量或持续买入或卖出相关证券； （二）单个证券账户，或两个以上固定的或涉嫌关联的证券账户之间，大量或频繁进行反向交易； （三）单个证券账户，或两个以上固定的或涉嫌关联的证券账户，大笔申报、连续申报、密集申报或申报价格明显偏离该证券行情揭示的最近成交价； （四）单独或者合谋，以涨幅或跌幅限制的价格大额申报或连续申报，致使该证券交易价格达到或维持涨幅或跌幅限制； （五）频繁申报或撤销申报，或大额申报后撤销申报，以影响证券交易价格或误导其他投资者； （六）集合竞价期间以明显高于前收盘价的价格申报买入后又撤销申报，随后申报卖出该证券，或以明显低于前收盘价的价格申报卖出后又撤销申报，随后申报买入该证券； （七）对单一证券在一段时期内进行大量且连续交易； （八）大量或者频繁进行高买低卖交易； （九）申报或成交行为造成市场价格异常或秩序混乱； （十）利用虚假或者不确定的重大信息，诱导投资者作出投资决策，并进行相关交易的； （十一）通过对证券及其发行人、上市公司公开作出评价、预测或者投资建议，误导投资者作出投资决策，并进行与其评价、预测、投资建议方向相反的证券交易的； （十二）通过策划、实施虚假重大事项，误导投资者作出投资决策，并进行相关交易的； （十三）通过控制发行人、上市公司信息的生成或者控制信息披露的内容、时点、节奏，误导投资者作出投资决策，并进行相关交易的； （十四）本所认为需要重点监控的其他异常交易。 会员发现客户存在上述异常交易行为，应提醒客户；对可能严重影响交易秩序的异常交易行为，应及时报告本所。 6.3 证券交易价格或者证券成交量明显异常的情形包括： （一）同一证券营业部或同一地区的证券营业部集中买入或卖出同一证券且数量较大； （二）证券交易价格连续大幅上涨或下跌，且上市公司无重大事项公告； （三）本所认为需要重点监控的其他异常交易情形。

二、北交所、创业板、科创板交易制度对比

根据《上海证券交易所科创板股票交易特别规定》内容，第十八条明确规定，上海证券交易所对科创板股票竞价交易实行价格涨跌幅限制，涨跌幅比例为 20%。首次公开发行上市、增发上市的股票，上市后的前 5 个交易日不设价格涨跌幅限制。在这一点上，创业板跟科创板是一致的。

但是北交所是围绕着优秀的中小企业而设立的交易场所，以此来为中小企业开拓更为方便的融资渠道，因此要充分考虑中小企业股票估值特点来调整交易规则，其涨跌幅限制比例设为 30%，上市首日不设涨跌幅限制。总而言之，北交所、创业板、科创板交易制度有不少差别，具体如表 6–2 所示。

表 6–2 北交所、创业板、科创板交易制度对比

项目	北交所	创业板	科创板
涨跌幅限制	涨跌幅限制比例为 30%。北交所可以调整股票的涨跌幅限制比例	涨跌幅限制比例为 20%。首次公开发行上市的股票，上市后的前 5 个交易日不设价格涨跌幅限制	涨跌幅限制比例为 20%。首次公开发行上市的股票，上市后的前 5 个交易日不设价格涨跌幅限制
交易方式	竞价交易、大宗交易、盘后固定价格交易	竞价交易、大宗交易、盘后固定价格交易	竞价交易、盘后定价交易
单笔申报数量	通过竞价交易的：100 股≤单笔申报数量≤ 100 万股；通过大宗交易的：单笔申报数量≥ 10 万股，或者交易金额≥ 100 万人民币	200 股≤单笔市价申报≤ 5 万股；200 股≤单笔限价申报≤ 10 万股	100 股≤单笔市价申报≤ 15 万股；100 股≤单笔限价申报≤ 30 万股
价格笼子	连续竞价阶段的限价申报要求： 1. 买入申报价格不高于买入基准价格的 105% 或买入基准价格以上 10 个最小价格变动单位（以孰高为准） 2. 卖出申报价格不低于卖出基准价格的 95% 或卖出基准价格以下 10 个最小价格变动单位（以孰低为准）	另行规定，并根据市场情况进行调整	连续竞价阶段限价申报的有效竞价范围：买入申报价格≤买入基准价格的 102%；卖出申报价格≥卖出基准价格的 98%

（续表）

项目	北交所	创业板	科创板
盘中异常波动停牌	无涨跌幅限制的股票，盘中价格较当日开盘价格首次上涨下跌超过30%或60%的，各停牌10分钟，跨越14:57分的，于当日14:57复牌并对已接受的申报进行复牌集合竞价，再进行收盘集合竞价	另行规定，并根据市场情况进行调整	无涨跌幅限制的股票，盘中价格较当日开盘价格首次上涨下跌超过30%或60%的，各停牌10分钟，跨越14:57分的，于当日14:57复牌
交易公开信息披露	1. 当日收盘涨跌幅偏离值±20% 2. 当日价格振幅30% 3. 当日换手率20%	1. 当日收盘涨跌幅偏离值±15% 2. 当日价格振幅30% 3. 当日换手率30%	1. 当日收盘涨跌幅偏离值±15% 2. 当日价格振幅30% 3. 当日换手率30%
交易异常波动指标	1. 连续3个交易日内日收盘价格涨跌幅偏离值累计达到±40% 2. 证监会或交易所认为属于异常波动的其他情形	1. 连续3个交易日内日收盘价格涨跌幅偏离值累计达到±30% 2. 证监会或交易所认为属于异常波动的其他情形	1. 连续3个交易日内日收盘价格涨跌幅偏离值累计达到±30% 2. 证监会或交易所认为属于异常波动的其他情形
融资融券	无	新股上市首日起可作为融资融券标的	新股上市首日起可作为融资融券标的

三、北交所、创业板、科创板投资者门槛对比

2021年9月17日，北交所发布《北京证券交易所投资者适当性管理办法（试行）》，其中明确指出个人投资者准入门槛“不低于人民币50万元（不包括该投资者通过融资融券融入的资金和证券）”，而机构投资者则不设置资金门槛。

这条规则的面世，意味着三大注册制板块的投资者门槛也齐全了。北交所、创业板、科创板对投资者门槛的设定，将会在很大程度上影响投资者参与的积极性以及市场流动性。通过对比可以发现，北交所、创业板、科创板对个

人投资者的参与时限要求都是“参与证券交易 24 个月以上”，而资金要求上，北交所和科创板都要求“不低于人民币 50 万元”，而创业板门槛较低，要求是“不低于人民币 10 万元”，具体如表 6–3 所示。

表 6–3　北交所、创业板、科创板投资者门槛对比

股票板块	投资者参与条件	其他规定
北交所	继续坚持投资者适当性管理制度，并在实践基础上不断完善，形成与北交所服务的中小企业的特点以及与北交所投资者定位相适应的适当性安排	规则发布后至北京证券交易所开市交易前，投资者参与精选层股票交易仍需满足 100 万元证券资产标准
创业板	1. 申请权限开通前 20 个交易日证券账户及资金账户内的资产日均不低于人民币 10 万元（不包括该投资者通过融资融券融入的资金和证券） 2. 参与证券交易 24 个月以上	《深圳证券交易所创业板投资者适当性管理实施办法（2020 年修订）》实施前已开通创业板交易权限的投资者暂不受上述适当性管理要求影响，可以继续参与创业板股票交易
科创板	1. 申请权限开通前 20 个交易日证券账户及资金账户内的资产日均不低于人民币 50 万元（不包括该投资者通过融资融券融入的资金和证券） 2. 参与证券交易 24 个月以上 3. 上交所规定的其他条件	—

《北京证券交易所投资者适当性管理办法（试行）》一经发布，许多券商纷纷推出北交所的开户功能并进行宣传，其中包括中信证券、中信建投、海通证券、粤开证券、德邦证券等知名券商。其中部分券商还对投资者进行综合评估，以此来了解投资者的风险承受能力、风险识别能力等。比如，除了《北京证券交易所投资者适当性管理办法（试行）》规定的准入门槛，中信证券还要求投资者“风险等级满足适当性要求”，如图 6–1 所示。

不少券商在其系统中设定了知识评测内容，投资者在满足条款要求后，还需要完成知识评测，并且达到 80 分以上。除此之外，还需签署一系列电子协议，比如风险揭示书，这些做法都是为了挑选风险承受能力更强的优质投资者，如图 6–2 所示。

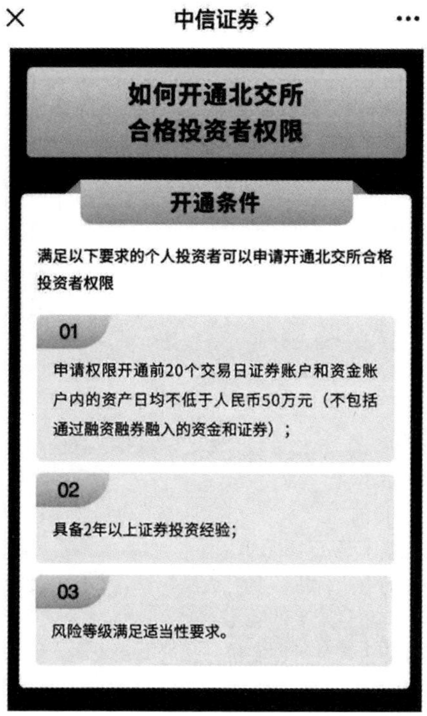

图 6-1　中信证券对北交所投资者的要求

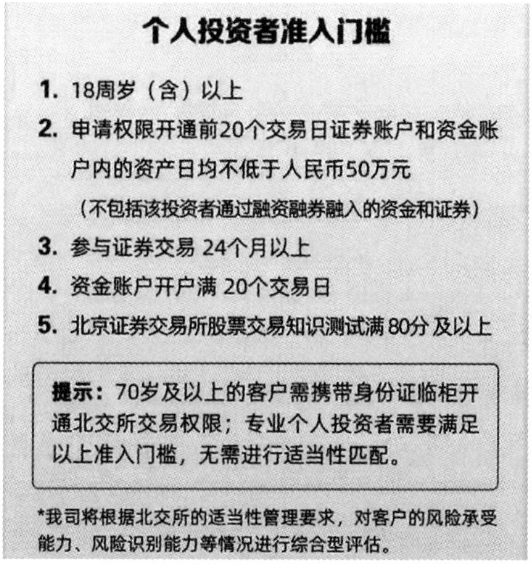

图 6-2　部分券商对北交所投资者的要求

值得一提的是，在北交所开始之前，已经开通了股转系统一类、二类或三类合格投资者权限的投资者，可以直接平移权限到北交所，无需再次开通权限。

四、北交所转板制度规定

2022 年 1 月 7 日，证监会发布了《中国证监会关于北京证券交易所上市公司转板的指导意见》（下称《指导意见》），就北交所转板安排提出意见。2022 年 3 月 4 日，上交所、深交所分别发布了《北京证券交易所上市公司向上海证券交易所科创板转板办法（试行）》和《深圳证券交易所关于北京证券交易所上市公司向创业板转板办法（试行）》，就北交所转板安排明确了具体规则。以上规则是目前关于北交所转板制度的主要条款，具体如表 6–4 所示。

表 6–4　北交所转板制度规定

转入板块范围	试点期间，符合条件的北交所上市公司可以申请转板至上交所科创板或深交所创业板
转板条件	1. 转板公司申请转板至科创板或创业板上市的，应当在北交所连续上市一年以上（精选层挂牌时间可计算在内），且符合转入板块的上市条件 2. 转板公司及其控股股东、实际控制人不存在最近 3 年受到中国证监会行政处罚，因涉嫌违法违规被中国证监会立案调查，尚未有明确结论意见，或者最近 12 个月受到北交所、全国中小企业股份转让系统有限责任公司公开谴责等情形 3. 股本总额不低于人民币 3000 万元 4. 股东人数不少于 1000 人 5. 公众股东持股比例达到转板公司股份总数的 25% 以上；转板公司股本总额超过人民币 4 亿元的，公众股东持股的比例为 10% 以上 6. 董事会审议通过转板相关事宜决议公告日前连续 60 个交易日（不包括股票停牌日）通过竞价交易方式实现的股票累计成交量不低于 1000 万股 7. 市值及财务指标符合《上市规则》规定的上市标准，具有表决权差异安排的转板公司申请转板，表决权差异安排应当符合《上市规则》的规定 * 如拟转入科创板，需转板公司自我评估是否符合科创定位并提交专项说明，需保荐人出具专项意见
转板程序	转板属于股票上市地的变更，不涉及股票公开发行，依法无需经中国证监会核准或注册，由上交所、深交所依据上市规则进行审核并作出决定。转板程序主要包括：企业履行内部决策程序后提出转板申请，上交所、深交所审核并作出是否同意上市的决定，企业在北交所终止上市后，在上交所或深交所上市交易。 沪深交易所办法规定的转板程序主要包括： 1. 企业履行内部决策程序后提出转板申请，需转板企业履行内部董事会、股东大会决议程序，并形成同意转板相关事宜的决议 2. 由保荐人进行保荐并通过保荐人提交转板申请文件 3. 沪深交易所审核并作出是否同意上市的决定。交易所收到转板申请文件后，在 5 个工作日决定是否受理；自受理转板申请之日起 2 个月内，作出是否同意上市的决定 回复审核问询的时间不计算在内，回复审核问询的时间总计不超过 3 个月；在转板审核中，交易所可以对转板公司及其保荐人、证券服务机构进行现场检查，对保荐人开展现场督导 4. 企业在北交所终止上市后，在上交所或深交所上市交易

（续表）

股份限售安排	1. 转板公司控股股东、实际控制人及其一致行动人 在转板上市之日起 12 个月内，不得转让或者委托他人管理其直接和间接持有的本公司在转板上市前已经发行股份，也不得提议由转板公司回购该部分股份；限售期届满后 6 个月内减持股份的，不得导致公司控制权发生变更。 转板公司没有或者难以认定控股股东、实际控制人的，参照控股股东、实际控制人进行股份限售的股东范围，股份限售期为公司转板上市之日起 12 个月 2. 转板公司董事、监事、高级管理人员 转板上市之日起 12 个月内不得转让 * 转板公司核心技术人员自公司在科创板上市之日起 4 年内，每年转让的本公司转板前股份不得超过上市时所持公司转板前股份总数的 25%，减持比例可以累积使用 3. 上市时未盈利公司 在实现盈利前，控股股东、实际控制人及其一致行动人自转板上市之日起 3 个完整会计年度内，不得减持本公司转板前股份；自公司转板上市之日起第 4 个会计年度和第 5 个会计年度内，每年减持的本公司转板前股份不得超过公司股份总数的 2%，并应当符合本所关于股份减持与限售的相关规定 董事、监事、高级管理人员及核心技术人员自转板上市之日起 3 个完整会计年度内，不得减持本公司转板前股份；在前述期间内离职的，应当继续遵守本款规定 公司实现盈利后，前两款规定的股东可以自当年年度报告披露后次日起减持转板前股份，但应当遵守交易所其他有关股份减持与限售的规定

《指导意见》中指出“转板属于股票上市地的变更，不涉及股票公开发行，依法无需经中国证监会核准或注册”，由此可见，企业在北交所转板具备一定优势。

下面我们来看一下科创板、创业板上市企业转板的平均天数，如表 6–5 所示。

表 6–5　科创板、创业板上市企业转板的平均天数

科创板		创业板	
从受理到上会	过会到获取批文	从受理到上会	过会到获取批文
168 天	118 天	174 天	150 天

根据北交所转板第一股观典防务的表现来看，整体要比科创板平均过审时间短，如图 6–3 所示。

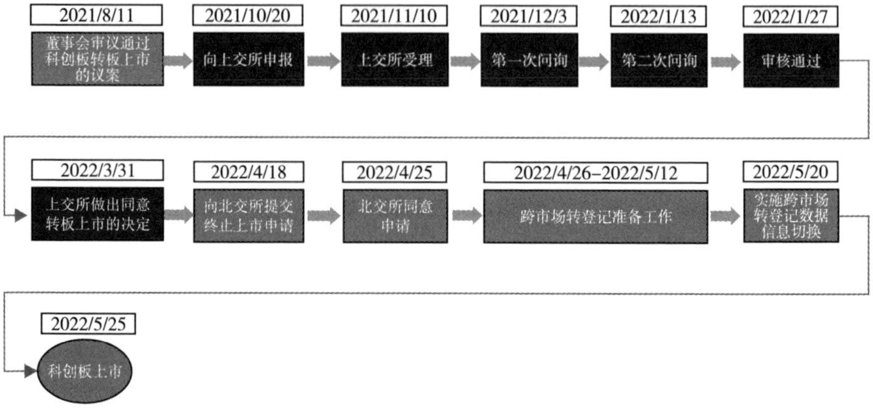

图 6–3 观典防务转板时间线

《指导意见》中明确指出“在计算北交所上市公司转板后的股份限售期时，原则上可以扣除在全国股转系统精选层和北交所已经限售的时间”。另外，其中还赋予了交易所可进行差异化安排的权利。

在转板时，如果企业尚未盈利，各个交易所的规定对企业的限售管理要求基本一致，但如果已经开始盈利，对比科创板、创业板首发企业的控股股东、实际控制人限售期所设置的 36 个月，北交所设置的 12 个月的优势就凸显出来了，这有助于增强市场的流通性。

五、北交所转板第一股表现分析

2022 年 5 月 25 日，观典防务技术股份有限公司从北交所转板，成功登陆科创板，这也是北交所成立以来的首家转板公司。转板之后，观典防务股票代码也由“832317”正式变更为“688287”，17642 户股东也从北交所平移到科创板。

根据《中国证监会关于北京证券交易所上市公司转板的指导意见》的条款，观典防务此次转板不涉及股票公开发行，股东直接从北交所平移到科创板。另外，此次转板没有产生个税，对中小股东也没有作出限售安排。

另外，根据《上海证券交易所科创板股票交易特别规定》中的内容："本所对科创板股票竞价交易实行价格涨跌幅限制，涨跌幅比例为 20%。科创板股票涨跌幅价格的计算公式为：涨跌幅价格 = 前收盘价 ×（1± 涨跌幅比例）。首次公开发行上市、增发上市的股票，上市后的前 5 个交易日不设价格涨跌幅限制。"观典防务登陆科创板后，适用此规定，前 5 个交易日不设价格涨跌幅限制。

作为北交所转科创板第一股，大众对其表现自然是十分关注的。转板当天，观典防务开盘价为 21.88 元 / 股，收盘价为 16.71 元 / 股，跌幅 23.63%，总市值 39.69 亿元，转板市盈率为 55 倍，股本为 2.38 亿股，其中 1.12 亿股是没有作出限售安排的股票数，如图 6–4 所示。

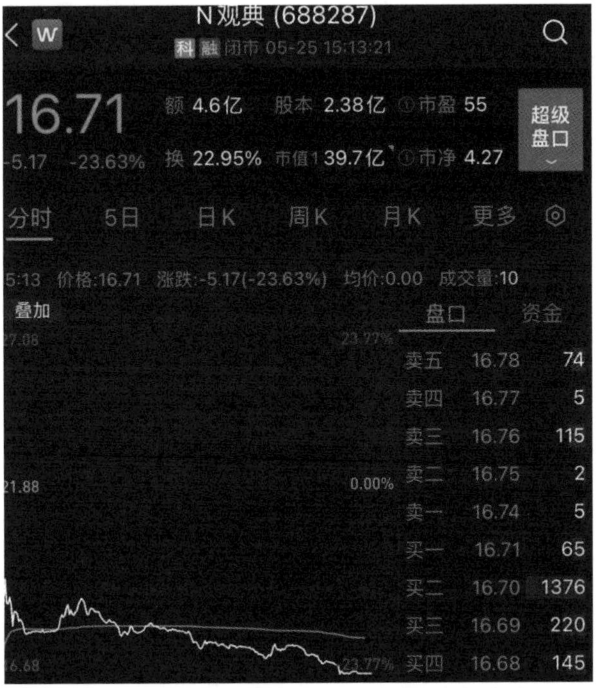

图 6–4　观典防务转板当日表现

需要强调的是，在北交所停牌前，观典防务已经处于股价大涨的状态，其日均交易额约 1600 万元。而在转板当日，观典防务全日成交额达到 4.58 亿元，换手率 22.95%。由此可见，作为北交所转板第一股，观典防务已经获得了不错的成绩，做了一个很好的示范。对于观典防务的表现，专家们也提出了一些想法。

> 相对其停牌期间北交所整体走势来看，其今天的市场表现并不算差，因为 23.63% 的区间跌幅算很少的了。但相对科创板新股来讲，今天的跌幅有点偏大，换手率有点偏小。
>
> ——北京南山投资创始人　周运南
>
> 与其他人关注股价涨跌不同，我主要关注成交金额，观典防务今天的成交额将有可能超过北交所全部股票的成交金额。
>
> ——广东力量私募基金管理有限公司总经理　朱为绎

除了观典防务外，另外还有 2 家企业申请了转板，如图 6–5 所示。

项目动态列表　导出

序号	转板公司	板块	审核状态	注册地	证监会行业	保荐机构	律师事务所	会计事务所	更新日期	受理日期
1	翰博高新材料（合肥）股份有限公司	创业板	同意上市	安徽	计算机、通信和其他电子设备制造业	中信建投	北京德恒律师事务所	天职国际会计师事务所（特殊普通合伙）	2022-07-08	2021-11-09
2	十堰市泰祥实业股份有限公司	创业板	同意上市	湖北	汽车制造业	长江承销	北京市中伦律师事务所	公证天业会计师事务所（特殊普通合伙）	2022-06-17	2021-11-10

图 6–5　翰博高新、泰祥股份申请转板创业板

资料显示，观典防务属于国家级专精特新“小巨人”、高新技术企业，主营业务为无人机飞行服务与数据处理和无人机系统及智能防务装备的研发、生产与销售。根据其业绩表现（见表 6–6）采取了科创板要求的第一套上市标准进行转板，即“预计市值不低于人民币 10 亿元，最近两年净利润均为正且累计净利润不低于人民币 5000 万元，或者预计市值不低于人民币 10 亿元，最近一年净利润为正且营业收入不低于人民币 1 亿元”。

表 6–6　观典防务业绩表现

时间	营业收入	营业收入同比增长	归母净利润	归母净利润同比增长
2021 年	2.3 亿元	27.87%	7228.79 万元	35%
2022 年一季度	3698.09 万元	12.85%	613.36 万元	6.71%

回顾其转板过程，2021 年 8 月 11 日，观典防务提出《关于公司申请向上交所科创板转板上市的议案》，是第一家计划转板上市的企业，11 月获得受理，次年 1 月审核通过，3 月上交所作出同意转板上市的决定，观典防务于 5 月 25 日在科创板上市。

观典防务的成功转板，标志着 A 股“转板第一股”正式诞生。

第七章　募集资金管理与股份变动管理

北交所服务创新型中小企业，与许多产业所进行的资产型投资存在差别，并不方便将其进行清晰界定以及量化预测。因此，北交所在募集资金投资方面借鉴了比较成熟的市场做法，对申请主体的募集资金投向披露进行了优化，对于股份变动管理也予以严格监管措施，这些内容都会在本章进行详细介绍。

一、北交所对募集资金管理的一般规定

《北京证券交易所股票上市规则（试行）》对募集资金管理的一般规定如下。

《北京证券交易所股票上市规则（试行）》
2.3.1 发行人应当建立募集资金存储、使用、监管和责任追究的内部制度，明确募集资金使用的分级审批权限、决策程序、风险防控措施和信息披露要求。 2.3.2 发行人募集资金应当存放于募集资金专项账户，该账户不得存放非募集资金或用作其他用途。发行人应当与保荐机构、存放募集资金的商业银行签订三方监管协议。 2.3.3 发行人募集资金应当用于主营业务及相关业务领域。暂时闲置的募集资金可以进行现金管理，投资于安全性高、流动性好、可以保障投资本金安全的理财产品。 发行人使用闲置募集资金投资理财产品的，应当经公司董事会审议通过并披露，独立董事和保荐机构应当发表明确同意意见并披露。 除金融类企业外，募集资金不得用于持有交易性金融资产、其他权益工具投资、其他债权投资或借予他人、委托理财等财务性投资，不得直接或间接投资于以买卖有价证券为主营业务的公司，不得用于股票及其衍生品种、可转换公司债券等高风险投资，不得通过质押、委托贷款或其他方式变相改变募集资金用途。

2.3.4 发行人应当按照公开披露的用途使用募集资金；改变募集资金用途的，应当经公司董事会、股东大会审议通过并披露，独立董事和保荐机构应当发表明确同意意见并披露。

存在下列情形的，视为募集资金用途变更：

（一）取消或者终止原募集资金项目，实施新项目；

（二）变更募集资金投资项目实施主体（实施主体在发行人及其全资子公司之间变更的除外）；

（三）变更募集资金投资项目实施方式；

（四）本所认定为募集资金用途变更的其他情形。

发行人仅改变募集资金投资项目实施地点的，可免于提交股东大会审议。

2.3.5 暂时闲置的募集资金可暂时用于补充流动资金。暂时补充流动资金，仅限于与主营业务相关的生产经营使用，不得直接或间接用于股票及其衍生品种、可转换公司债券等高风险投资。

闲置募集资金暂时用于补充流动资金的，应当经发行人董事会审议通过并披露，独立董事和保荐机构应当发表明确同意意见并披露。单次补充流动资金最长不得超过 12 个月。

补充流动资金到期日之前，发行人应当将该部分资金归还至募集资金专户，并在资金全部归还后及时公告。

2.3.6 发行人实际募集资金净额超过计划募集资金金额的部分（即超募资金）用于永久补充流动资金和归还银行借款的，应当经公司董事会、股东大会审议通过并披露，独立董事和保荐机构应当发表明确同意意见并披露。发行人应当公开承诺，在补充流动资金后的 12 个月内不进行股票及其衍生品种、可转换公司债券等高风险投资，或者为他人提供财务资助。

2.3.7 发行人以自筹资金预先投入公开披露的募集资金用途后，以募集资金置换自筹资金的，应当经公司董事会审议通过并披露，独立董事和保荐机构应当发表明确同意意见并披露。发行人应当及时披露募集资金置换公告以及保荐机构关于发行人前期资金投入具体情况或安排的专项意见。

2.3.8 发行人董事会应当每半年度对募集资金使用情况进行自查，出具自查报告，并在披露年度报告及中期报告时一并披露。

发行人董事会应当聘请会计师事务所对募集资金存放和使用情况出具鉴证报告，并在发行人披露年度报告时一并披露。

保荐机构每年就发行人募集资金存放和使用情况至少进行一次现场核查，出具核查报告，并在公司披露年度报告时一并披露。

从规则内容可以看出，在北交所上市的募集资金是需要受到一定监管和约束的。

第一，需要设置募集资金专户，具体参考 2.3.2 条款的内容。

第二，明确募集资金用途，要求用于主营业务及相关业务领域。

第三，对于募集资金的不同用途，审批监管流程会有所不同，如表 7–1 所示。

表 7–1　不同用途的资金募集审批监管流程

事　　项	董事会审批并披露	股东大会审批并披露	独立董事、保荐机构发表意见
闲置资金投资理财产品	√		√
变更募集资金用途	√	√	√
闲置募集资金暂时补充流动资金	√		√
超募资金用于永久补充流动资金和归还银行借款	√	√	√
置换预先投入的自筹资金	√		√

第四，明确补流时间要求和核查要求，其中核查要求具体如表 7–2 所示。

表 7–2　核查要求具体表现

主体	频率	报告	披露
董事会	每半年	自查报告	披露年度报告及中期报告时
会计师	每年	见证报告	披露年度报告时
保荐机构	每年	核查报告	披露年度报告时

与科创板和创业板对比，北交所对募集资金的监管更加灵活，但整体趋势是一致的。在具体的机制设计上，可以看出以下差异。

首先，在募集资金的信息披露要求上，科创板和创业板的要求比北交所严格，一是其对监管各方的职责作出明确要求，二是更进一步细化了信息披露事项和要求。

其次，在募集资金使用的审核上，创业板审核事项更多，比如需要审核改变募集资金投资项目实施地点。另外，在审批流程的细节上也有所不同，比如科创板变更募集资金用途需要经过股东大会。

再次，在募集资金使用要求上，科创板和创业板要求用于永久补充流动资金和归还银行贷款的金额，每 12 个月内累计不得超过超募资金总额的 30%，北交所则没有这项要求。

最后，科创板和创业板的核查要求也更加严格，要求保荐机构每半年进行一次现场核查，在募集资金实际使用情况与上市公司信息披露情况存在重大差异的情况下，经二分之一以上独立董事同意，可以聘请会计师事务所出具鉴证报告。

二、北交所对股份变动管理的一般规定

企业上市可以解决资金流动性的问题，并且能有效提升估值，但同时股东架构也因此会产生一定的变动，有外部股东的进入，也有现有股东的退出。因此，做好股东关系管理，保持企业架构稳定，促进股东之间进行更深度的合作，是企业上市后必须要应对的问题。

而股份产生变动，也会带来许多问题，因此股份变动管理也是企业上市后重点披露的信息内容。北交所对股份变动管理的一般规定比精选层的内容更细，比科创板、创业板的内容更精简。总体来说，体现出了充分考虑中小企业的特色。

下面为大家带来《北京证券交易所股票上市规则（试行）》中股份变动相关规则的解读。

1. 上市限售

《北京证券交易所股票上市规则（试行）》
2.4.2 上市公司控股股东、实际控制人及其亲属，以及上市前直接持有 10% 以上股份的股东或虽未直接持有但可实际支配 10% 以上股份表决权的相关主体，持有或控制的本公司向不特定合格投资者公开发行前的股份，自公开发行并上市之日起 12 个月内不得转让或委托他人代为管理。 前款所称亲属，是指上市公司控股股东、实际控制人的配偶、子女及其配偶、父母及配偶的父母、兄弟姐妹及其配偶、配偶的兄弟姐妹、子女配偶的父母以及其他关系密切的家庭成员。 2.4.3 上市公司董事、监事、高级管理人员持有的本公司股份，按照《公司法》规定，自上市之日起 12 个月内不得转让，在任职期间每年转让的股份不超过其所持本公司股份总数的 25%，离职后 6 个月内不得转让。

> 2.4.5 发行人高级管理人员、核心员工通过专项资产计划、员工持股计划等参与战略配售取得的股份，自公开发行并上市之日起 12 个月内不得转让或委托他人代为管理。其他投资者参与战略配售取得的股份，自公开发行并上市之日起 6 个月内不得转让或委托他人代为管理。
>
> 2.4.6 公司上市时未盈利的，在实现盈利前，控股股东、实际控制人、董事、监事、高级管理人员自公司股票上市之日起 2 个完整会计年度内，不得减持公开发行并上市前股份；公司实现盈利后，可以自当年年度报告披露后次日起减持公开发行并上市前股份，但应遵守本节相关规定。
>
> 董事、监事、高级管理人员在前款规定期间内离职的，应当继续遵守前款规定。

将上述重点内容进行简单总结，以供大家参考，如表 7–3 所示。

表 7–3　上市限售重点内容

限售主体	限售股份来源	限售期
控股股东、实际控制人及其亲属、上市前直接持有 10% 以上股份的股东、虽未直接持有 10% 以上股份但可实际支配 10% 以上股份表决权的相关主体	公开发行前取得的股份	12 个月
董事、监事、高级管理人员	全部，包括上市后增持股份	12 个月
发行人高级管理人员、核心员工	通过专项资产计划、员工持股计划等参与战略配售取得的股份	12 个月
其他投资者	参与战略配售取得的股份	6 个月

北交所上市公司持有 10% 以上股份的股东锁定期为 12 个月，与其他交易所相比缩短了。需要注意的是，“10% 以上股东”包括“虽未直接持有 10% 以上股份但可实际支配 10% 以上股份表决权的相关主体”。

另外，高级管理人员、核心员工通过专项资产计划和员工持股计划等参与战略配售取得的股份，锁定期也是 12 个月。需要明确的是，上市限售并没有锁定上述人员持有的全部股份，因此上市企业需要合理分配专项资产计划、员工持股计划的持股比例，避免高级管理人员、核心员工对计划产生重大影响。

另外，“核心员工”不是随意定义的，需要由上市公司董事会提名并且公示，征求全体员工意见后还需要监事会发表意见，最后通过股东大会决定。

2. 董监高相关

《北京证券交易所股票上市规则（试行）》
2.4.3 上市公司董事、监事、高级管理人员持有的本公司股份，按照《公司法》规定，自上市之日起 12 个月内不得转让，在任职期间每年转让的股份不超过其所持本公司股份总数的 25%，离职后 6 个月内不得转让。 2.4.4 上市公司董事、监事、高级管理人员应当按照本所规定的时间、方式报备个人信息和持有本公司股份的情况，其所持有的规定期间不得转让的股份，应当按照本所相关规定办理限售。 公司董事、监事、高级管理人员所持本公司股份发生变动的，应当及时向公司报告并由公司在规定信息披露平台的专区披露，但因权益分派导致的变动除外。

与北交所上市公司董监高的股份变动相关的内容，主要是 3 个方面，如图 7–1 所示。

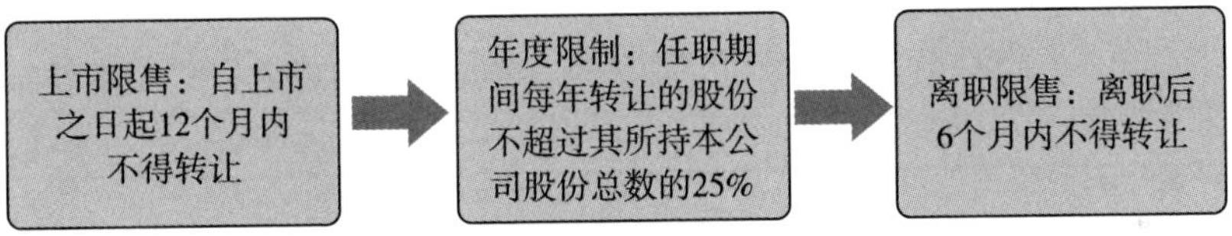

图 7–1　与北交所上市公司董监高的股份变动相关的内容

董监高持股限售及解限需要上市企业根据《北京证券交易所上市公司业务办理指南第 2 号——股票限售及解除限售》自行办理，条款 1.2 的内容为："上市公司董事、监事、高级管理人员办理持有本公司股份总数的 25% 解除限售，原则上在每年 2 月底前向本所提出申请，计算基数为上一年末股东的持股数量。公司董事、监事、高级管理人员新增本公司股份的，按新增股份的 75% 及时办理限售。"

因此，上市企业需要做好董监高持股的变动披露，完成限售与解除限售内容，具体可参考表 7–4。

表 7–4 上市企业自行完成限售与解除限售内容

报备——办理限售	报告——及时披露
1. 按照北交所规定的时间、方式报备个人信息和持有本公司股份的情况 2. 持有的规定期间不得转让的股份，按照相关规定办理限售	1. 董监高持本公司股份发生变动的，应当及时向公司报告 2. 公司在规定信息披露平台的专区披露（因权益分派导致的变动除外）

3. 减持预披露

《北京证券交易所股票上市规则（试行）》
2.4.10 上市公司大股东、实际控制人、董事、监事、高级管理人员计划通过集中竞价交易减持其所持有本公司股份的，应当及时通知公司，并按照下列规定履行信息披露义务： （一）在首次卖出股份的 15 个交易日前预先披露减持计划，每次披露的减持时间区间不得超过 6 个月； （二）拟在 3 个月内卖出股份总数超过公司股份总数 1% 的，除按照本条第一款第一项规定履行披露义务外，还应当在首次卖出的 30 个交易日前预先披露减持计划； （三）在减持时间区间内，减持数量过半或减持时间过半时，披露减持进展情况； （四）在股份减持计划实施完毕或者披露的减持时间区间届满后及时公告具体减持情况。 实际控制人、大股东通过本所和全国股转系统的竞价或做市交易买入本公司股份，其减持不适用前款规定。

北交所减持预披露重点聚焦在集中竞价减持上，上市企业需要关注相关股东有没有其他身份或承诺，避免披露不具体而导致遭受处罚。具体要点整理如表 7–5 所示，以供大家参考。

表 7–5 减持预披露要点

预披露对象	大股东、实际控制人、董监高计划通过集中竞价交易减持其所持有本公司股份的（实际控制人、大股东通过竞价或做市交易买入的股份除外）
预披露内容	在首次卖出股份的 15 个交易日前预先披露减持计划，每次披露的减持时间区间不得超过 6 个月
特殊要求	拟在三个月内卖出股份总数超过公司股份总数 1%，还应当在首次卖出的 30 个交易日前预先披露减持计划
后续进展	减持数量过半或减持时间过半时，披露进展；实施完毕或者减持时间区间届满后，公告具体减持情况

4. 股份买卖窗口期、短线交易及收购管理办法

《中华人民共和国证券法》《北京证券交易所股票上市规则（试行）》中都对股份买卖窗口期、短线交易及收购管理规则进行了相关规定。

《中华人民共和国证券法》
第四十四条　上市公司、股票在国务院批准的其他全国性证券交易场所交易的公司持有百分之五以上股份的股东、董事、监事、高级管理人员，将其持有的该公司的股票或者其他具有股权性质的证券在买入后六个月内卖出，或者在卖出后六个月内又买入，由此所得收益归该公司所有，公司董事会应当收回其所得收益。但是，证券公司因购入包销售后剩余股票而持有百分之五以上股份，以及有国务院证券监督管理机构规定的其他情形的除外。 前款所称董事、监事、高级管理人员、自然人股东持有的股票或者其他具有股权性质的证券，包括其配偶、父母、子女持有的及利用他人账户持有的股票或者其他具有股权性质的证券。
《北京证券交易所股票上市规则（试行）》
2.4.14 上市公司董事、监事和高级管理人员在下列期间不得买卖本公司股票： （一）公司年度报告、中期报告公告前 30 日内及季度报告公告前 10 日内；因特殊原因推迟年度报告、中期报告公告日期的，自原预约公告日前 30 日起算，直至公告日日终； （二）公司业绩预告、业绩快报公告前 10 日内； （三）自可能对公司股票交易价格、投资者投资决策产生较大影响的重大事件（以下简称重大事件或重大事项）发生之日或者进入决策程序之日，至依法披露之日内； （四）中国证监会、本所认定的其他期间。 2.4.15 上市公司控股股东、实际控制人在下列期间不得买卖本公司股票： （一）公司年度报告公告前 30 日内，因特殊原因推迟年度报告公告日期的，自原预约公告日前 30 日起算，直至公告日日终； （二）本规则第 2.4.14 条第二项至第四项规定的期间。

在买卖股份窗口期方面，北交所增加了董监高中报、季报窗口期规定（见表 7–6），其他与控股股东、实际控制人的窗口期规定相同。

表 7–6　北交所董监高买卖股份窗口期规定整理

事项内容	窗口期
定期报告	年度报告、中期报告前 30 日；季度报告前 10 日
业绩预告、业绩快报	公告前 10 日
可能对公司股票交易价格、投资者投资决策产生较大影响的重大事件	发生之日或者进入决策

另外，北交所上市企业更容易触发的是短线交易方面的违规，其规范主体包括“董监高及持股 5% 以上股东持有的股票或者其他具有股权性质的证券”，且该“董事、监事、高级管理人员、自然人股东持有的股票或者其他具有股权性质的证券”，包括“其配偶、父母、子女持有的及利用他人账户持有的股票或者其他具有股权性质的证券”，涉及人员范围太大。

举个例子，比如在半年内，王董事买入股票，其儿子小王又卖出股票，这种行为就已经构成了短线交易违规。所以，上市企业在实践操作中，要及时告知相关人员相关规定。

三、北交所对股份减持管理的一般规定

2022 年 12 月 30 日，北京证券交易所对外发布《北京证券交易所上市公司持续监管指引第 8 号——股份减持和持股管理》（下称《监管指引第 8 号》），该指引是依据《北京证券交易所上市公司持续监管办法（试行）》和《北京证券交易所股票上市规则（试行）》，并结合北交所市场实际情况而完成的，部分内容如下。

《北京证券交易所上市公司持续监管指引第 8 号——股份减持和持股管理》
第一条 为规范北京证券交易所（以下简称本所或北交所）上市公司股东及董事、监事、高级管理人员（以下简称董监高）持股管理和减持股份的行为，维护市场秩序，保护投资者合法权益，根据《北京证券交易所上市公司持续监管办法（试行）》《北京证券交易所股票上市规则（试行）》（以下简称《上市规则》）等规定，制定本指引。 **第二条** 上市公司股东及董监高减持其持有的本公司股份，应当遵守法律法规、部门规章、本所业务规则及本指引的相关规定。 前述主体对持股比例、持股数量、持股期限、减持方式、减持比例、减持价格等做出公开承诺的，应当严格履行所做出的承诺。 **第三条** 上市公司控股股东和持股 5% 以上股东（以下统称大股东）、实际控制人、董监高计划通过北交所集中竞价交易减持股份，应当及时通知公司，并在首次卖出的 15 个交易日前预先披露减持计划，每次披露的减持时间区间不得超过 6 个月；拟在 3 个月内减持股份的总数超过公司股份总数 1% 的，还应当在首次卖出的 30 个交易日前预先披露减持计划。减持计划内容应包括：

（一）减持股份来源、数量、比例，减持期间、方式、价格区间及原因等安排；

（二）相关主体已披露的公开承诺情况，本次减持事项是否与承诺内容一致，以及是否存在违反承诺情形；

（三）相关主体是否存在本所《上市规则》及本指引规定的不得减持情形；

（四）减持计划实施的不确定性风险；

（五）中国证监会、本所要求披露，或相关主体认为其他应当说明的事项。

控股股东、实际控制人减持股份的，减持计划除应披露前款内容外，还应当说明上市公司是否存在重大负面事项或重大风险；减持股份属于公开发行并上市前持有的，减持计划还应当明确未来12个月上市公司的控制权安排，保证公司持续稳定经营。

第四条 上市公司大股东、实际控制人、董监高应当在减持计划披露的减持数量过半或减持时间过半时，及时通知公司，披露减持进展公告；并在股份减持计划实施完毕或者披露的减持时间区间届满后，及时披露减持结果公告。

减持进展公告和结果公告内容主要包括已减持数量、比例、是否与已披露的减持计划一致等。

第五条 上市公司大股东、实际控制人、董监高通过北交所大宗交易或协议转让减持股份的，应当及时通知公司，在首次大宗交易卖出或向北交所申请办理协议转让手续的15个交易日前，预先披露减持计划，并按照本指引第四条规定履行持续信息披露义务。

减持计划内容应当符合本指引第三条规定，每次披露的减持时间区间不得超过6个月。

第六条 上市公司大股东、实际控制人通过本所和全国中小企业股份转让系统的竞价或做市交易买入的本公司股份，其减持不适用本指引第三条至第五条及第九条有关规定。

第七条 上市公司大股东、实际控制人同时持有适用减持预披露股份和不适用减持预披露股份的，相关主体减持股份，视为优先减持不适用预披露股份。

第八条 公司上市时未盈利的，在实现盈利前，控股股东、实际控制人、董监高自公司股票上市之日起2个完整会计年度内，不得减持公开发行并上市前股份；公司实现盈利后，可以自当年年度报告披露后次日起减持公开发行并上市前股份，但应遵守《上市规则》及本指引相关规定。

董监高在前款规定期间内离职的，应当继续遵守前款规定。

第九条 具有下列情形之一的，上市公司大股东、实际控制人不得减持其所持有的本公司股份：

（一）上市公司或其大股东、实际控制人因涉嫌证券期货违法犯罪，在被中国证监会及其派出机构立案调查或者被司法机关立案侦查期间，以及在行政处罚决定、刑事判决作出之后未满6个月的；

（二）大股东、实际控制人因违反本所业务规则，被本所公开谴责未满3个月的；

（三）中国证监会及本所规定的其他情形。

第十条 上市公司董监高具有下列情形之一的，不得减持其所持有的本公司股份：

（一）因涉嫌证券期货违法犯罪，在被中国证监会及其派出机构立案调查或者被司法机关立案侦查期间，以及在行政处罚决定、刑事判决作出之后未满6个月的；

（二）因违反本所规则，被本所公开谴责未满3个月的；

（三）中国证监会及本所规定的其他情形。

第十一条 上市公司可能触及本所《上市规则》第十章规定的重大违法强制退市情形的，自相关行政处罚事先告知书或者司法裁判作出之日起至下列任一情形发生前，公司控股股东、实际控制人以及董监高不得减持公司股份：

（一）公司股票终止上市并摘牌；

（二）公司收到相关行政处罚决定或者人民法院司法裁判生效，显示公司未触及重大违法强制退市情形。

第十二条 上市公司董监高在任职期间每年转让的股份不得超过其所持本公司股份总数的25%，因司法强制执行、继承、遗赠、依法分割财产等导致股份变动的除外。

上市公司董监高所持股份不超过1000股的，可一次全部转让，不受前款转让比例限制。

第十三条 上市公司董监高以上年末其所持股总数作为基数，计算其中可转让股份的数量；当年可转让但未转让的本公司股份，应当计入当年末其所持有本公司股份的总数，以该总数作为次年可转让股份的计算基数。

因上市公司增发新股、实施股权激励，或因董监高在二级市场购买、可转债转股、期权行权等方式形成的各种年内新增股份，新增无限售条件股份当年可转让25%，新增有限售条件股份计入次年可转让股份的计算基数。

因上市公司实施权益分派导致董监高所持本公司股份增加的，可同比例增加当年可转让数量。

《监管指引第8号》内容也可以看作对《上市规则》的进一步细化与补充，具体体现在两个方面。

1. 明确转让减持的预披露要求

为统一监管安排，避免产生监管套利的现象，《监管指引第8号》明确大股东、董监高通过大宗交易、协议转让减持股份的，需要提前15个交易日预先披露，与《上市规则》安排一致。

2. 明确股份来源

《上市规则》发布后，仍有不少上市企业对股份来源判断有疑惑，因此，《监管指引第8号》明确："上市公司大股东、实际控制人同时持有适用减持预披露股份和不适用减持预披露股份的，相关主体减持股份，视为优先减持不适用预披露股份。"

四、北交所与其他交易所股份减持规定差异

北交所发布的《上市规则》《监管指引第 8 号》考虑到中小企业的特征以及符合北交所的定位，对股份减持制度进行了适当的调整，同时还能有效防止恶意套现行为。那么，与创业板、科创板相比，又有哪些差异呢？

1. 限售期

（1）控股股东、实际控制人及其一致行动人规定差异如表 7–7 所示。

表 7–7　北交所与创业板、科创板的控股股东、实际控制人及其一致行动人规定差异

北交所	创业板	科创板
上市公司控股股东、实际控制人及其亲属，以及上市前直接持有 10% 以上股份的股东或虽未直接持有但可实际支配 10% 以上股份表决权的相关主体，持有或控制的本公司向不特定合格投资者公开发行前的股份，自公开发行并上市之日起 12 个月内不得转让或委托他人代为管理 前款所称亲属，是指上市公司控股股东、实际控制人的配偶、子女及其配偶、父母及配偶的父母、兄弟姐妹及其配偶、配偶的兄弟姐妹子女配偶的父母以及其他关系密切的家庭成员	上市公司控股股东、实际控制人及其一致行动人减持本公司首发前股份的，应当遵守下列规定： （一）自公司股票上市之日起三十六个月内，不得转让或者委托他人管理其直接和间接持有的首发前股份，也不得提议由上市公司回购该部分股份 （二）法律法规、中国证监会规定、本规则以及本所业务规则对控股股东、实际控制人股份转让的其他规定	上市公司控股股东、实际控制人及其一致行动人减持本公司首发前股份的，应当遵守下列规定： （一）自公司股票上市之日起 36 个月内不得转让或者委托他人管理其直接和间接持有的首发前股份也不得提议由上市公司回购该部分股份 （二）法律法规、中国证监会规定、本规则以及本所业务规则对控股股东、实际控制人股份转让的其他规定

（2）其他持有首发前股份的股东规定差异如表 7–8 所示。

表 7–8　北交所与创业板、科创板的其他持有首发前股份的股东规定差异

北交所	创业板	科创板
《公司法》第一百四十一条　发起人持有的本公司股份，自公司成立之日起一年内不得转让。公司公开发行股份前已发行的股份，自公司股票在证券交易所上市交易之日起一年内不得转让		

（3）战略投资者规定差异，如表 7–9 所示。

表 7–9　北交所与创业板、科创板的战略投资者规定差异

北交所	创业板	科创板
发行人高级管理人员、核心员工通过专项资产计划、员工持股计划等参与战略配售取得的股份，自公开发行并上市之日起 12 个月内不得转让或委托他人代为管理。其他投资者参与战略配售取得的股份，自公开发行并上市之日起 6 个月内不得转让或委托他人代为管理	发行人的高级管理人员设立的专项资产管理计划，通过集中竞价方式减持参与战略配售获配股份的，应当参照《减持细则》关于高级管理人员减持股份的规定履行信息披露义务 战略投资者不参与网下询价，且应当承诺获得本次配售的股票持有期限不少于 12 个月，持有期自本次公开发行的股票上市之日起计算	发行人的高级管理人员与核心员工参与发行战略配售获配的股票数量不得超过首次公开发行股票数量的 10%，且应当承诺获得本次配售的股票持有期限不少于 12 个月 战略投资者应当承诺获得本次配售的股票持有期限不少于 12 个月，且不得接受他人委托或者委托他人参与

（4）基于职务的股份限售规定差异如表 7–10 所示。

表 7–10　北交所与创业板、科创板的基于职务的股份限售规定差异

北交所	创业板	科创板
上市公司董事、监事、高级管理人员持有的本公司股份，按照《公司法》规定，自上市之日起 12 个月内不得转让，在任职期间每年转让的股份不超过其所持本公司股份总数的 25%，离职后 6 个月内不得转让	董监高在任期届满前离职的，应当在其就任时确定的任期内和任期届满后六个月内，继续遵守下列限制性规定： （一）每年转让的股份不得超过其所持有本公司股份总数的百分之二十五 （二）离职后半年内，不得转让其所持本公司股份 （三）《公司法》对董监高股份转让的其他规定	董监高在任期届满前离职的，应当在其就任时确定的任期内和任期届满后 6 个月内，遵守下列限制性规定： （一）每年转让的股份不得超过其所持有本公司股份总数的 25% （二）离职后半年内，不得转让其所持本公司股份 （三）法律、行政法规、部门规章、规范性文件以及本所业务规则对董监高股份转让的其他规定 上市公司核心技术人员减持本公司首发前股份的，应当遵守下列规定： （一）自公司股票上市之日起 12 个月内和离职后 6 个月内不得转让本公司首发前股份 （二）自所持首发前股份限售期满之日起 4 年内，每年转让的首发前股份不得超过上市时所持公司首发前股份总数的 25%，减持比例可以累积使用 （三）法律法规、本规则以及本所业务规则对核心技术人员股份转让的其他规定

2. 企业未盈利时的减持限制

相较于创业板、科创板对于公司上市未盈利的限售规定，北交所整体规定更为宽松，如表 7-11 所示。

表 7-11　北交所与创业板、科创板的企业未盈利时的减持限制规定差异

北交所	创业板 / 科创板
公司上市时未盈利的，在实现盈利前控股股东、实际控制人、董事、监事、高级管理人员自公司股票上市之日起 2 个完整会计年度内，不得减持公开发行并上市前股份；公司实现盈利后，可以自当年年度报告披露后次日起减持公开发行并上市前股份，但应遵守本节相关规定 董事、监事、高级管理人员在前款规定期间内离职的，应当继续遵守前款规定	公司上市时未盈利的，在实现盈利前，控股股东、实际控制人及其一致行动人自公司股票上市之日起 3 个完整会计年度内，不得减持首发前股份；自公司股票上市之日起第 4 个和第 5 个完整会计年度内，每年减持的首发前股份不得超过公司股份总数的 2%，并应当符合《减持细则》关于减持股份的相关规定 公司上市时未盈利的，在实现盈利前，董监高自公司股票上市之日起 3 个完整会计年度内，不得减持首发前股份；在前述期间内离职的，应当继续遵守本款规定 公司实现盈利后，前两款规定的股东可以自当年年度报告披露后次日起减持首发前股份，但应当遵守本节其他规定

另外，考虑到北交所上市中小企业的特点，股票具有极大的流动性，因此相对创业板、科创板而言，北交所集中竞价减持股份的数量限制有所放宽。

五、保荐机构在持续督导期间的责任与义务

《证券发行上市保荐业务管理办法》
第二十八条　保荐机构应当针对发行人的具体情况，确定证券发行上市后持续督导的内容，督导发行人履行有关上市公司规范运作、信守承诺和信息披露等义务，审阅信息披露文件及向中国证监会、证券交易所提交的其他文件，并承担下列工作： （一）督导发行人有效执行并完善防止控股股东、实际控制人、其他关联方违规占用发行人资源的制度； （二）督导发行人有效执行并完善防止其董事、监事、高级管理人员利用职务之便损害发行人利益的内控制度；

（三）督导发行人有效执行并完善保障关联交易公允性和合规性的制度，并对关联交易发表意见；

（四）持续关注发行人募集资金的专户存储、投资项目的实施等承诺事项；

（五）持续关注发行人为他人提供担保等事项，并发表意见；

（六）中国证监会、证券交易所规定及保荐协议约定的其他工作。

《公开发行证券的公司信息披露内容与格式准则第49号——北京证券交易所上市公司向特定对象发行股票募集说明书和发行情况报告书》

第三十条 上市公司进行定向发行聘请的保荐人应当按照本准则及有关规定出具发行保荐书、发行保荐工作报告，对以下事项进行说明和分析，并逐项发表明确意见：

（一）上市公司是否符合《北京证券交易所上市公司证券发行注册管理办法》规定的发行条件；

（二）上市公司的公司治理规范性；

（三）上市公司本次定向发行是否规范履行了信息披露义务；上市公司对其或相关责任主体在报告期内曾因信息披露违规或违法被中国证监会采取监管措施或给予行政处罚、被北交所依法采取自律管理措施或纪律处分的整改情况；

（四）本次定向发行对象或范围是否符合投资者适当性要求；核心员工参与认购的，上市公司是否已经履行相关认定程序；参与认购的私募投资基金管理人或私募投资基金完成登记或备案情况。上市公司向原股东配售股份的除外；

（五）本次定向发行对象认购资金来源的合法合规性，上市公司向原股东配售股份的除外；

（六）本次定向发行决策程序是否合法合规，是否已按规定履行了国资、外资等相关主管部门的审批、核准或备案等程序；

（七）本次发行定价的合法合规性、合理性；本次定向发行是否涉及股份支付；

（八）本次定向发行相关认购协议等法律文件的合法合规性，上市公司向原股东配售股份的除外；

（九）本次定向发行新增股份限售安排的合法合规性；

（十）上市公司建立健全募集资金内部控制及管理制度的情况；上市公司本次募集资金的必要性、合理性及可行性，本次募集资金用途的合规性；报告期内募集资金的管理及使用情况，如存在违规情形，应当对违规事实、违规处理结果、相关责任主体的整改情况等进行核实并说明；

（十一）本次定向发行引入资产的合法合规性；

（十二）本次定向发行对上市公司的影响；

（十三）保荐人认为应当发表的其他意见。

《公开发行证券的公司信息披露内容与格式准则第50号——北京证券交易所上市公司向特定对象发行可转换公司债券募集说明书和发行情况报告书》

第二十六条 上市公司进行定向发行可转债聘请的保荐人应当按照本准则及有关规定出具发行保荐书、发行保荐工作报告，对以下事项进行说明和分析，并逐项发表明确意见：

（一）上市公司是否符合《北京证券交易所上市公司证券发行注册管理办法》规定的发行条件； （二）上市公司的公司治理规范性； （三）上市公司本次定向发行可转债是否规范履行了信息披露义务；上市公司对其或相关责任主体在报告期内曾因信息披露违规或违法被中国证监会采取监管措施或给予行政处罚、被北交所依法采取自律管理措施或纪律处分的整改情况； （四）上市公司对现有股东优先认购安排的合法合规性； （五）本次定向发行可转债发行对象或范围是否符合投资者适当性要求；参与认购的私募投资基金管理人或私募投资基金完成登记或备案情况； （六）本次定向发行可转债发行对象认购资金来源的合法合规性； （七）本次定向发行可转债决策程序是否合法合规，是否已按规定履行了国资、外资等相关主管部门的审批、核准或备案等程序； （八）本次定向发行可转债的转股价格、利率及其他条款内容的合法合规性、合理性； （九）本次定向发行可转债相关认购协议等法律文件的合法合规性； （十）本次定向发行可转债转股后新增股份限售安排的合法合规性； （十一）上市公司建立健全募集资金内部控制及管理制度的情况；上市公司本次募集资金的必要性及合理性，本次募集资金用途的合规性； （十二）本次定向发行可转债对上市公司的影响； （十三）保荐人认为应当发表的其他意见。
《公开发行证券的公司信息披露内容与格式准则第 51 号——北京证券交易所上市公司向特定对象发行优先股募集说明书和发行情况报告书》
第三十六条　保荐人应当按照本准则及有关规定出具发行保荐书，对以下事项进行说明和分析，并逐项发表明确意见： （一）上市公司是否符合《优先股试点管理办法》规定的发行条件； （二）上市公司是否存在《优先股试点管理办法》规定的不得发行优先股的情形； （三）上市公司的财务状况、偿付能力； （四）上市公司的对外担保情况、未决诉讼或仲裁事项； （五）本次发行优先股决策程序是否合法合规，是否已按规定履行了国资、外资等相关主管部门的审批、核准、注册或备案等程序； （六）本次优先股发行的规模、募集金额、票面股息率或发行价格的合法合规性； （七）本次发行优先股具体条款设置的合法合规性； （八）上市公司建立健全募集资金内部控制及管理制度的情况；上市公司本次募集资金的必要性、合理性和可行性，本次募集资金用途的合规性；报告期内募集资金的管理及使用情况，如存在违规情形，应对违规事实、违规处理结果、相关责任主体的整改情况等进行核实并说明； （九）本次优先股发行对象的投资者适当性； （十）本次优先股发行对象认购资金来源的合法合规性；

（十一）本次发行优先股的风险因素；
（十二）本次发行优先股对上市公司、普通股股东、其他优先股股东（如有）的影响；
（十三）本次发行涉及公司章程修改的事项；
（十四）本次发行优先股的会计处理方法，以及相关税费政策和依据；
（十五）非现金资产认购的相关事项（如有）；
（十六）保荐人认为需要说明的其他事项。

第八章 北交所再融资制度

与创业板、科创板相比，北交所在《再融资审核规则》上并无太大变化。最大的区别在于，由于北交所的主要定位是为中小企业提供良好的金融服务，因此，在再融资审核方面，北交所结合中小企业的特点提出了两点改变。

第一，在北交所上市的公司如满足《北 京证券交易所上市公司证券发行注册管理办法（试行）》（征求意见稿），那么在自行发行时，申请材料将会得到一定的简化，申报安排也有所改变；如果是授权发行，那么在审核流程上会得到一定的缩短，加快审核的进度，这对于中小企业的融资发展来说有着极大的促进作用。

第二，对各种不同证券的发行审核程序作出了一体规定。《再融资审核规则》中明确规定了可转债、优先股等证券的发行审核程序是一致的，这样能够更好地方便市场进行理解以及运用，但其中还规定了，如果是向特定对象发行、向不特定合格投资者发行等情况，则需要执行另一套审核程序。

一、北交所再融资制度的基本内容

1. 北交所再融资制度遵循思路

北交所再融资制度在起草的时候，始终将为中小企业服务作为中心，充分吸收了新三板的特色制度，并吸取了沪深交易所的优秀做法及成熟经验，在这些基础上建立了特色的北交所再融资基本制度，主要遵循了以下思路，如图8-1所示。

图 8-1　北交所再融资制度遵循思路

第一，遵守上位规则。

北交所的再融资制度以上位规则为基础，对相关内容进行了细化与完善，如审核机制、发售机制、定价机制、认购机制及信息披露机制等。

第二，增加融资方式及品种。

中小企业的融资需求与大企业是不一样的，为了更好地服务于中小企业，北交所在融资品种上提供了可转债、普通股及优先股等众多方式。另外，还新增了向特定对象发行、向不特定合格投资者发行等方面的制度安排。

第三，丰富发行机制。

中小企业大多处于成长阶段，为了更好地满足中小企业的发展，北交所对发行机制进行了丰富，提供了自办发行、授权发行等方式，大幅度减少了中小企业的融资成本。

对于中小企业而言，北交所的成立极大地推动了他们的发展，让他们拥有一个更方便的融资渠道，提供了一个良好的发展空间。

北交所上市公司证券的发行，需要遵守《中华人民共和国证券法》，在证券发行种类、条件、方式、程序及注册流程方面都有明确的规定。为了更好地体现北交所为中小企业服务的宗旨，为北交所再融资制度确立一个基本框架，

2021 年 10 月 30 日证监会发布了《北京证券交易所向不特定合格投资者公开发行股票注册管理办法（试行）》《北京证券交易所上市公司证券发行注册管理办法(试行)》，北交所发布了《北京证券交易所上市公司证券发行上市审核规则（试行）》等相关文件，于 2021 年 11 月 15 日正式实施。

2. 公开发行证券和再融资的区别

公司在上市的时候，通常需要通过公开发行证券的方式进行融资，而再融资制度就是上市公司为了达成某种目的，通过发行证券再次进行融资。虽然两者都属于发行证券获取融资的行为，却有着明显的不同，主要体现在 3 个方面，如图 8–2 所示。

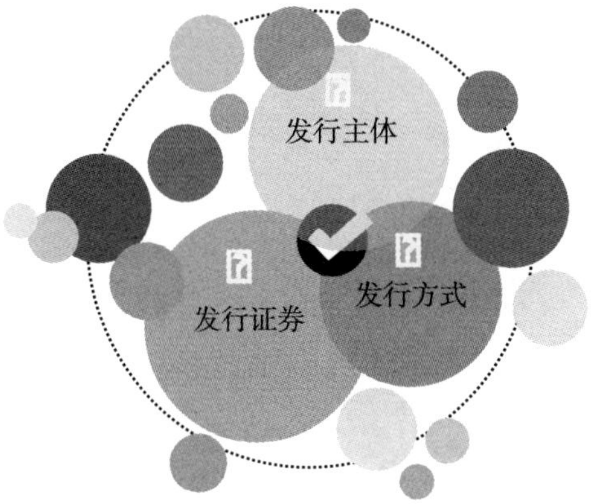

图 8–2　公开发行证券和再融资的区别

第一，在发行主体上，公开发行的主体为非上市公司，而再融资的主体为上市公司。

第二，在发行证券上，公开发行只能发行普通股，而再融资可以发行多种证券，如可转债、优先股及普通股等。

第三，在发行方式上，再融资除了能够选择公开发行外，还能够选择私募发行。

根据上面的 3 个区别我们可以看出，在发行条件、发行程序等方面，再融资与首次公开发行相比，有着极大的优势。

在 1993 年至 1998 年这段时间里，我国上市公司想要进行再融资，只能通过单纯配股的方式进行，随着市场的不断发展，在 1998 年至 2001 年这段时间里，产生了“配股为主、增发为辅”的再融资方式，在 2001 年至 2005 年这段时间里，再次发展为“配股与增发并重”的再融资方式，在 2006 年，随着相关规定的完善及市场规模的不断扩大，新增了定向增发的再融资方式，从此以后，我国的金融市场再融资方式呈现多元化发展。北交所成立后，提出了非公开发行的方式，无论是配股还是增发，它们的门槛都远远高于非公开发行，且非公开发行并没有盈利上的硬性要求，所以发行价格对于投资者而言更有吸引力，这使得非公开发行成为中小企业再融资的重要方式。

3.《再融资办法》可总结为 5 个方面的内容

北交所《再融资办法》包含 6 章内容，分别是：总则、发行条件、发行程序、信息披露、监督管理与法律责任、附则，总共有 76 条规定，可以总结为以下 5 个方面的内容，如图 8-3 所示。

图 8-3 《再融资办法》可总结为 5 个方面的内容

第一，对再融资制度的相关内容进行明确。

《再融资办法》中明确提出了北交所再融资制度的立法依据、适用范围、融资品种、审核注册安排，并且根据注册制的相关规定，对再融资各方所需要承担的义务和责任进行了明确。在再融资过程中，上市公司作为信息披露第一责任人，必须对再融资的相关信息进行披露并为信息的准确性、真实性、完整性负责；再融资的保荐人需承担对再融资申请文件的审核责任，为申请文件中提及内容的准确性、真实性、完整性负责；再融资的证券服务机构需承担与自身职责相关内容的责任。

第二，根据相关法律对发行条件进行明确。

根据《证券法》当中的相关内容并提交国务院审核通过后，北交所结合自身实际情况，对上市公司公开发行股票、定向发行股票及发行可转债的条件进行了明确并提出了相关的监管要求。

第三，对再融资证券的发行程序进行明确。

根据北交所再融资制度，上市公司拟进行再融资时，需要取得董事会、股东大会的表决通过，监事会需针对此处再融资提出书面审核意见。明确北交所审核与证监会注册的程序，并对各环节受理时限进行了具体的规定。对再融资证券的限售要求、发行定价提出了具体的规定，其中最重要的一点是：再融资证券公开发行定价不得低于市场价格。明确了再融资证券的发行可通过竞价、询价或直接定价的方式进行。如采取定向发行，原则上定向发行的对象和价格应通过竞价方式确定，且发行价格不得低于市场价的 80%，如发行对象为普通投资者，那么限售时间不得少于 6 个月。

第四，对信息披露要求进行进一步完善。

上市公司进行再融资时，需要根据募集说明书当中的相关规定及时完成信息的编制及披露，信息披露需要充分结合自身特点及实际情况，充分满足投资者的需求。再融资的过程当中，上市公司需要分阶段披露再融资证券的发行进展情况，当再融资申请正式进入到证监会注册环节时，上市公司需根据规定，对发行保荐书、募集说明书等相关文件进行披露。

第五，加强对再融资各方的监管。

北交所对于再融资各方的监管采取的是强监管，明确了各方责任的追究制度，提出了多项举措，提高了违法成本。北交所和证券业协会作为监管主体，一旦发现上市公司在再融资过程当中出现违法违规行为，会立即通过自律管理措施要求公司进行整改。证监会有权对违法违规的再融资行为所涉及的各方，包括上市公司、中介机构及相关责任人员等实施惩罚，如对发行文件进行较长时间的不予受理、市场禁入，对相关主体进行行政处罚等。如果再融资行为涉嫌犯罪，则交由司法机关进行审判并追究相关刑事责任。

在北交所的上市公司进行再融资时，需要认真、仔细地研读《再融资办法》正式稿，严格遵守相关规定。

4.《再融资办法》正式稿与征求意见稿的区别

下面我们来看看《再融资办法》正式稿与 2021 年 9 月 3 日发布的征求意见稿相比有什么不同，如图 8-4 所示。

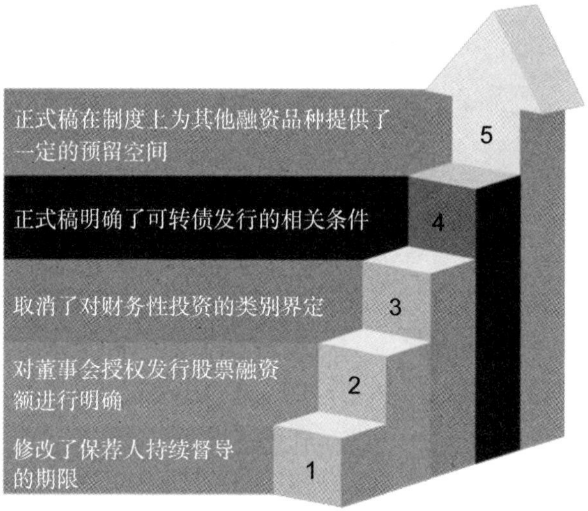

图 8-4 《再融资办法》正式稿与征求意见稿的区别

第一，正式稿在制度上为其他融资品种提供了一定的预留空间。

征求意见稿中“第一章 总则”的第三条内容为“上市公司可以向不特定

合格投资者公开发行股票、可转换为股票的公司债券，也可以向特定对象发行股票、可转换为股票的公司债券。”而在正式稿中，“第一章 总则”的第三条内容修改为“上市公司发行证券，可以向不特定合格投资者公开发行，也可以向特定对象发行。”

此处修改，主要目的是为上市公司发行其他融资品种提供了一定预留空间，使上市公司在进行融资时，可以选择优先股、普通股、可转债并行等多种融资工具。

第二，正式稿明确了可转债发行的相关条件。

正式稿在第十三条规定中新增了一项内容“上市公司存在下列情形之一的，不得发行可转换为股票的公司债券：（一）对已公开发行的公司债券或者其他债务有违约或者延迟支付本息的事实，仍处于继续状态；（二）违反《证券法》规定，改变公开发行公司债券所募资金用途。”

此处修改，主要是明确了可转债的发行条件，如上市公司出现上述情形中的任意一条，那么就无法通过发行可转债的方式进行融资。

第三，正式稿取消了对财务性投资的类别界定。

征求意见稿中，对于财务性投资有着明确的类别界定，主要内容为“上市公司最近一期末存在持有金额较大的交易性金融资产和可供出售的金融资产、借予他人款项、委托理财等财务性投资的，保荐人应当对上市公司本次募集资金的必要性和合理性审慎发表核查意见。”而在正式稿中，这一条规定修改为“上市公司最近一期末存在持有金额较大的财务性投资的，保荐人应当对上市公司本次募集资金的必要性和合理性审慎发表核查意见。”此处修改，取消了财务性投资的类别界定，提高了上市公司进行再融资行为的灵活性。

第四，正式稿对董事会授权发行股票融资额进行了明确。

征求意见稿在第二十三条中对董事会授权发行股票融资额规定为：根据公司章程的规定，上市公司年度股东大会可以授权董事会向特定对象发行累计融资额低于一亿元且低于公司年末净资产 20% 的股票，该项授权的有效期不得超过上市公司下一年度股东大会召开日。

正式稿对其进行了更进一步的完善，修改为：根据公司章程的规定，上市公司年度股东大会可以授权董事会向特定对象发行累计融资额低于一亿元且低于公司最近一年末净资产 20% 的股票，该项授权的有效期不得超过上市公司下一年度股东大会召开日。

此处修改，主要是提出了“最近一年末”的要求，对董事会授权发行股票融资额进行了进一步明确。

第五，正式稿修改了保荐人持续督导的期限。

征求意见稿对于保荐人持续督导期限的规定为“证券上市当年剩余时间及其后一个完整会计年度”。

正式稿将期限延长了一个完整会计年度，修改为“证券上市当年剩余时间及其后两个完整会计年度”。

接下来，我们以微创光电作为案例，了解一下其再融资发行情况，如表 8-1 所示。

表 8-1 微创光电再融资发行情况

募集项目名称	补充流动资金
上市时间	2022 年 7 月 27 日
主营业务	智慧交通领域中以视频为核心的高速公路监控信息化产品的研发、生产、销售及技术服务
募资总额	15900.55 万元
发行种类	股票种类为境内上市人民币普通股；每股面值为人民币 1.00 元
发行方式	本次发行采取向特定对象发行方式；公司将在中国证监会作出同意注册决定的有效期内择机实施
发行对象	本次发行对象为战略投资者交投资本；发行对象具备作为本次发行特定对象的资格
认购方式	交投资本以人民币现金方式认购公司本次发行的股票，公司现有股东无优先认购安排
限售期	发行对象认购的股份自发行结束之日起 24 个月内不得转让
发行价格	本次向特定对象发行股票的定价基准日为第六届董事会第三次（临时）会议决议公告日。本次向特定对象发行股票的发行价格为 4.27 元 / 股，不低于定价基准日前 20 个交易日股票交易均价的 80%

（续表）

募集项目名称	补充流动资金
发行数量	本次向特定对象发行股票的数量为37237816股，不超过本次发行前公司总股本的30%
募集资金用途	本次发行所募集资金将全部用于补充流动资金，不会改变公司业务结构。本次发行完成后，随着募集资金到位及与战略投资者互补优势和协同效应的显现，公司的主营业务与资产规模将进一步扩大

二、再融资发行条件

北交所基于中小企业的实际情况，为了更好地服务于中小企业，提出了“上市公司可以向不特定合格投资者公开发行股票、可转债，也可以向特定对象发行股票、可转债”的规定。在这里，我们一起看看北交所对于再融资证券发行条件的规定。

1. 通用条件

（1）财务基础和内控要求。

①具备健全且运行良好的组织机构。

②具有独立、稳定经营能力，不存在对持续经营有重大不利影响的情形。

③最近1年财务会计报告未被出具否定意见或无法意见。

④最近1年财务报告被出具保留意见的，所涉事项的重大不利影响已消除。

（2）持续合规要求。

①上市公司、控股股东、实控人最近3年内不存在重大违法行为。

②相关主体最近1年内未受到行政处罚、公开谴责、立案调查等。

③不存在擅自改变募资用途，如有，需已纠正或经股东大会认可。

④上市公司或其控股股东、实控人未被列入失信被执行人名单。

（3）禁止保底承诺。上市公司及其控股股东、实控人、主要股东不得向发行对象做出保底保收益或者变相保底保收益承诺，也不得直接或者通过利益相关方向发行对象提供财务资助或者其他补偿。

（4）上市公司最近一期末存在持有金额较大的财务性投资的，需对募集资金的必要性和合理性审慎发表核查意见。

2. 特殊要求

（1）向不特定对象公开发行股票，公开发行股票需符合《发行注册办法》的规定。

（2）发行可转债。

①具备健全且运行良好的组织机构。

②最近3年平均可分配利润足以支付公司债券1年的利息。

③具有合理的资产负债结构和正常的现金流量。

④公开发行可转债需符合《发行注册办法》的规定。

（3）不得发行可转债的情形。

①对已公开发行的公司债券或者其他债务有违约或者延迟支付本息的事实，仍处于继续状态。

②违反《证券法》规定，改变公开发行公司债券所募资金用途。

下面了解一下北交所、科创板、创业板三大市场再融资发行条件存在的差异，如表8-2所示。

表8-2 北交所、科创板、创业板再融资发行条件存在的差异

北交所上市公司		科创板上市公司向不特定对象发行股票	创业板上市公司向不特定对象发行股票
特定对象	不特定对象		
1. 具备健全且运行良好的组织机构 2. 具有独立、稳定经营能力，不存在对持续经营有重大不利影响的情形 3. 最近一年财务会计报告无虚假记载，未被出具否定意见或无	1. 具备健全且运行良好的组织机构 2. 具有持续经营能力，财务状况良好 3. 最近3年财务会计报告无虚假记载，被出具无保留意见审计报告 4. 依法规范经营	1. 具备健全且运行良好的组织机构 2. 现任董事、监事和高级管理人员具备法律、行政法规规定的任职要求 3. 具有完整的业务体系和直接面向市场独立经营的能力，不	1. 具备健全且运行良好的组织机构 2. 现任董事、监事和高级管理人员符合法律、行政法规规定的任职要求 3. 具有完整的业务体系和直接面向市场独立经营的能力，不存在对持续经营有重大不利影响的情形

（续表）

北交所上市公司		科创板上市公司向不特定对象发行股票	创业板上市公司向不特定对象发行股票
特定对象	不特定对象		
法表示意见的审计报告；最近一年财务会计报告被出具保留意见的审计报告，保留意见所涉及事项对上市公司的重大不利影响已经消除。本次发行涉及重大资产重组的除外 4. 合法规范经营，依法履行信息披露义务		存在对持续经营有重大不利影响的情形 4. 会计基础工作规范，内部控制制度健全且有效执行，财务报表的编制和披露符合企业会计准则和相关信息披露规则的规定，在所有重大方面公允反映了上市公司的财务状况、经营成果和现金流量，最近3年财务会计报告被出具无保留意见审计报告 5. 除金融类企业外，最近一期末不存在金额较大的财务性投资	4. 会计基础工作规范，内部控制制度健全且有效执行，财务报表的编制和披露符合企业会计准则和相关信息披露规则的规定，在所有重大方面公允反映了上市公司的财务状况、经营成果和现金流量，最近3年财务会计报告被出具无保留意见审计报告 5. 最近2年盈利，净利润以扣除非经常性损益前后孰低者为计算依据 6. 除金融类企业外，最近一期末不存在金额较大的财务性投资

根据上述规定我们能够发现，在证券发行条件上，北交所进行了一定的放宽，尤其是在对特定对象发行股票时，上市公司只需要提供最近一年财务会计报告无虚假记载、未被出具否定意见或无法表示意见的审计报告即可证明自身的财务合规性。

与科创板、创业板相比，北交所在发行条件上最大的区别在于，前者规定再融资必须是“无较大财务性投资”的情况下，而后者规定是“如最近一期末存在持有金额较大的财务性投资的，保荐人应当对上市公司本次募集资金的必要性和合理性审慎发表核查意见”，也就是说，哪怕上市公司存在较大财务性投资，只要可以充分说明财务性投资的合理性及必要性，仍然能够满足发行的条件。

三、再融资审核与注册

同享科技是在北交所上市的公司，2022 年 5 月，同享科技再融资项目得到了证监会同意注册的决定，该项目是北交所成立后的首次再融资项目。除了同享科技，还有四家北交所上市公司也已开始筹备再融资项目，并正式提出再融资计划。

本节将向大家介绍北交所上市公司想要进行再融资，需要经过的审核与注册程序。

1. 一般审核与注册流程（见图 8-5）

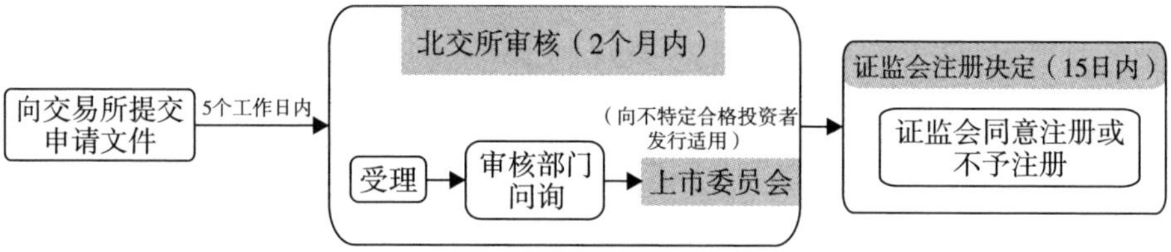

图 8-5　一般审核与注册流程

需要强调的是，北交所再融资制度规定：上市公司公开发行股票至少经过 6 个月后，才能够进行再融资董事会决议。上市公司再融资需要有保荐人，在公开发行股票上市当年及其后两个完整会计年度内，保荐人都需要承担持续督导责任。

2. 授权发行

授权发行即授权董事会向特定对象发行股票，需要满足公司章程的相关规定，并经年度股东大会决议通过。

授权发行额度：董事会向特定对象发行股票的累积融资额不得高于一亿元且不得高于公司净资产的 20%。

授权有效期：年度股东大会决议通过当日至下一年度股东大会召开日。

3. 授权发行流程

（1）适用条件。

①上市公司如需通过授权发行股票的方式获取融资，那么董事会必须在年度股东大会前，通过竞价的方式确定本次再融资项目的发行价格、发行对象，经由年度股东大会决议通过后，及时签订认购合同。

②上市公司的实际控制人、股东及董监高需要就此次再融资项目的实际情况是否满足上市条件、发行条件、信息披露要求及是否适用简易程序进行承诺。

③保荐人需要对此次再融资项目的发行进行审查，确保其满足上市条件、发行条件、信息披露要求及适用简易程序，出具书面审查意见。

（2）消极条件（满足以下任意一条，则无法进行授权发行）。

①上市存在退市风险警示或其他风险警示。

②再融资项目涉及的相关主体在 1 年的时间内被相关机构处以行政处罚或纪律处分，在 3 年的时间内被证监会处以行政处罚。

③在 1 年的时间内，证券服务机构、保荐机构、相关签字人员因同类业务受到相关机构行政处罚或纪律处分。

（3）发行流程。

再融资项目经年度股东大会决议通过并授权董事会后，董事会需及时对发行的相关事项进行确定并进行决议，在决议通过后的 20 个工作日内将再融资申请文件提交至北交所。如在规定时间内没有将再融资申请文件提交至北交所，那么此次再融资项目将不再适用简易程序。

4. 自办发行

自办发行简单来说就是在满足相关规定的情况下，由上市公司本身向特定人员发行股票，无需经过交易所，极大地提高了融资的效率，减少了融资的成本。一般来说，自办发行需满足以下要求，如图 8-6 所示。

股票发行方式必须为定向发行。
股票发行对象必须为上市公司的前十名股东、实际控制人、董事、监事、高级管理人员及核心员工。
股票发行的额度：融资总额不高于2000万元，且连续12个月内发行的股份不得高于公司总股本的10%。
自办发行的程序：由董事会提出自办发行的相关事项，并确定发行对象、发行价格及发行数量，经由董事会决议通过后，方可发行。
自办发行不需要保荐人的保荐机构，也不需要律师事务所的法律意见书，省去了许多中间环节。

图 8-6　自办发行需满足的要求

需要强调的是，上市公司进行自办发行，如存在以下任一情况，就属于违规发行，会被相关机构处以行政处罚。

（1）通过授权发行方式发行股票。

（2）认购人认购股票所使用的是非现金资产。

（3）自办发行引起上市公司控制权变化。

（4）自办发行过程中出现特殊投资条款安排。

（5）在近一年时间里，上市公司实际控制人、控股股东、董监高受到北交所给予的纪律处分或证监会给予的行政处罚、被采取监管措施。

5. 储架发行方式

储架发行是指进行一次申请，多次发行。储架发行要求 3 个月内发行的股票数量不得低于发行总数量的 50%。所有股票需要在 12 个月内发行完毕，每期发行的股票数量不受限制。

需要强调的是，如果通过储架发行的方式发行股票，那么在每期发行后 5 个工作日内，需要将本次发行的具体情况提交至北交所进行报备。

四、再融资的定价、配售、认购

北交所再融资制度在起草的时候，始终以服务中小企业为中心，充分吸收新三板的特色制度，并吸取沪深交易所的优秀做法及成熟经验，在这些基础上建立特色的北交所再融资基本制度。原精选层上市的68家上市公司，如满足北交所再融资制度的相关规定，可以在平移到北交所后，根据实际需要决定是否进行再融资。

1. 承销方式

北交所上市公司如需通过发行证券的方式进行再融资，需要聘请证券公司进行承销，证券公司必须具备证券承销业务资格。

2. 股份配售

上市公司在进行股份配售时，证券的发行应通过代销的方式进行。在股东大会召开前，上市公司的控股股东需要就此次股份配售的认购数量进行公开承诺。如出现以下任一情况，那么上市公司需要根据股票发行价，并加上银行同期存款利息将资金返还给已认购的股东。

（1）代销期限已满，但股东认购股票的数量低于拟配售数量的70%。

（2）控股股东不履行认购股份的承诺。

3. 定价方式

上市公司拟向特定对象发行股票时，股票的发行对象及发行价格应通过竞价的方式进行确定。

上市公司拟向特定对象发行可转债时，发行对象及发行利率应通过竞价的方式确定，如发行过程中存在发行可转债购买资产的情况，则不适用该条件。

4. 发行价格、定价基准日

（1）公开发行股票。

如上市公司公开发行股票，那么根据相关规定，发行价格不得低于公告招股意向书前20个交易日或者前1个交易日公司股票均价。

（2）定向发行。

如上市公司定向发行股票，那么根据相关规定，发行价格不得低于定价基准日（发行期首日）的前 20 个交易日公司股票均价的 80%。

（3）特殊情形。

上市公司进行再融资过程中，由董事会决议通过提前确定所有的发行对象，且存在以下情形，定价基准日可以是股东大会决议公告日，也可以是董事会决议公告日。

①发行对象为上市公司的实际控制人、控股股东、关联方。

②发行对象为根据自办发行方式参与认购的上市公司前十名股东、董事、监事、高级管理人员及核心员工。

③发行对象中存在认购本次发行的股票后成为上市公司实际控制人或控股股东的投资者。

④发行对象为董事会拟引入的境内外战略投资者。

5. 限售

上市公司进行再融资时，向特定对象发行的股票存在 6 个月的限售期，限售期内不得进行转让。

在定价上，北交所与其他板块的规定大致相同。在配售上，北交所对配售股份数量不作强制规定，主板规定拟配售股份数量不超过本次配售股份前股本总额的百分之 30%，创业板及科创板规定拟配售股份数量不超过本次配售股份前股本总额的百分之 50%，如表 8–3 所示。

表 8–3　北交所与其他板块规定对比

分类	北交所	主板	科创板、创业板
定价	1. 上市公司向不特定合格投资者公开发行股票的，发行价格应当不低于公告招股意向书前二十个交易日或者前一个交易日公司股票均价	1. 上市公司增发的，发行价格应不低于公告招股意向书前二十个交易日公司股票均价或前一个交易日的均价	1. 上市公司增发的，发行价格应当不低于公告招股意向书前二十个交易日或者前一个交易日公司股票均价

（续表）

分类	北交所	主板	科创板、创业板
定价	2. 上市公司向特定对象发行股票的，发行价格应当不低于定价基准日前二十个交易日公司股票均价的 80%。向特定对象发行股票的定价基准日为发行期首日 上市公司董事会决议提前确定全部发行对象，且发行对象属于下列情形之一的，定价基准日可以为关于本次发行股票的董事会决议公告日、股东大会决议公告日或者发行期首日： （一）上市公司的控股股东、实际控制人或者其控制的关联方 （二）按照本办法第二十八条规定参与认购的上市公司前十名股东、董事、监事、高级管理人员及核心员工 （三）通过认购本次发行的股票成为上市公司控股股东或实际控制人的投资者 （四）董事会拟引入的境内外战略投资者	2. 上市公司非公开发行的，发行价格不低于定价基准日前二十个交易日公司股票均价的百分之八十 上市公司董事会决议提前确定全部发行对象，且属于下列情形之一的，定价基准日可以为关于本次非公开发行股票的董事会决议公告日、股东大会决议公告日或者发行期首日，认购的股份自发行结束之日起 18 个月内不得转让： （一）上市公司的控股股东、实际控制人或其控制的关联人 （二）通过认购本次发行的股份取得上市公司实际控制权的投资者 （三）董事会拟引入的境内外战略投资者	2. 上市公司向特定对象发行股票，发行价格应当不低于定价基准日前二十个交易日公司股票均价的百分之八十 向特定对象发行股票的定价基准日为发行期首日。上市公司应当以不低于发行底价的价格发行股票 上市公司董事会决议提前确定全部发行对象，且发行对象属于下列情形之一的，定价基准日可以为关于本次发行股票的董事会决议公告日、股东大会决议公告日或者发行期首日： （一）上市公司的控股股东、实际控制人或者其控制的关联人 （二）通过认购本次发行的股票取得上市公司实际控制权的投资者 （三）董事会拟引入的境内外战略投资者
配售	上市公司向原股东配售股份的，应当采用代销方式发行 控股股东应当在股东大会召开前公开承诺认配股份的数量。控股股东不履行认配股份的承诺，或者代销期限届满，原股东认购股票的数量未达到拟配售数量 70% 的，上市公司应当按照发行价并加算银行同期存款利息返还已经认购的股东	向原股东配售股份（以下简称配股），除符合本章第一节规定外，还应当符合下列规定： （一）拟配售股份数量不超过本次配售股份前股本总额的百分之三十 （二）控股股东应当在股东大会召开前公开承诺认配股份的数量	上市公司配股的，拟配售股份数量不超过本次配售前股本总额的百分之五十，并应当采用代销方式发行 控股股东应当在股东大会召开前公开承诺认配股份的数量。控股股东不履行认配股份的承诺，或者代销期限届满，原股东认购股票的数量未达到拟配售数量百分之七十的，上市公司应当按照发行价并加算银行同期存款利息返还已经认购的股东

（续表）

分类	北交所	主板	科创板、创业板
		（三）采用证券法规定的代销方式发行。控股股东不履行认配股份的承诺，或者代销期限届满，原股东认购股票的数量未达到拟配售数量百分之七十的，发行人应当按照发行价并加算银行同期存款利息返还已经认购的股东	

北交所《再融资办法》中对发行定价机制进行了一定的修改，提出“以竞价发行为原则，以定价发行为例外”。在定价上，北交所与其他交易所相比，在定价基准日进行了一定的修改，提出了当发行对象为“按照本办法第二十八条规定参与认购的上市公司前十名股东、董事、监事、高级管理人员及核心员工”时，定价基准日不再强制要求为发行期首日，可以是股东大会决议公告日，也可以是董事会决议公告日。

五、北交所上市公司再融资面临的问题

北交所的一级市场扩张速度越来越快，在北交所上市的新公司也有着不错的表现，一度成为市场关注的焦点。而再融资方面，则无人问津。截至2022年8月，北交所公布再融资计划的上市公司数量仅有9家，连两位数都没有达到，而且这9家公司没有一家成功完成了再融资。

证券时报专家对该情况提出了自己的意见，他表示北交所再融资制度并不存在较大问题，再融资遇冷只不过是暂时性的，遇冷的主要原因是资本市场波动过于频繁，资金对于再融资始终保持观望态度。虽然北交所的再融资功能已逐步形成，但仍然需要提高二级市场的活跃性，吸引长期资金进入市场，对

估值体系进行更进一步的完善。

截至 2022 年 8 月，北交所公布再融资计划的 9 家上市公司分别是：长虹能源、同享科技、德源药业、微创光电、诺思兰德、流金岁月、连城数控、贝特瑞、盖世食品。但这些公司因为各种原因，都未能顺利完成再融资计划。

微创光电在 2022 年 8 月 4 日发布公告，表示其再融资申请书已被北交所予以受理（见图 8–7），这是北交所上市公司离成功最近的一次再融资计划。

证券代码：430198　　　证券简称：微创光电　　　公告编号：2022-116

武汉微创光电股份有限公司

关于向特定对象发行股票申请获得北京证券交易所受理的公告

本公司及董事会全体成员保证公告内容的真实、准确和完整，没有虚假记载、误导性陈述或者重大遗漏，并对其内容的真实性、准确性和完整性承担个别及连带法律责任。

武汉微创光电股份有限公司（以下简称“公司”）收到北京证券交易所（以下简称“北交所”）于 2022 年 8 月 4 日出具的《受理通知书》（DF20220804001）。北交所经对公司报送的向特定对象发行股票申请文件进行审核，认为符合《北京证券交易所上市公司证券发行上市审核规则（试行）》的有关要求，并予以受理。

图 8–7　微创光电关于向特定对象发行股票申请获得北京证券交易所受理的公告

早在 2022 年 5 月 8 日的时候，微创光电就已经发布了公告，公告表示微创光电拟向湖北交投资本投资有限公司定向发行 3723.7816 万股，定价为 4.57 元 / 股，募集 17017.68 万元资金，该项资金主要用来对公司的流动资金进行补充。

这是北交所自成立以来的第一份锁价发行公告，也是第一份引入战略投资者的定增计划。此公告发布后，业内相关专业人士纷纷发表自己的看法，大多数人都表示看好微创光电此时的再融资计划。

朱为绎（广东力量私募基金管理有限公司总经理）表示：微创光电因为是面向战略投资者的定增，因此是没有问题的。

周运南（北京南山投资创始人）表示：对于上市公司来说，当再融资实施到战投锁价定增时，基本上已经可以宣告成功了，达到了这一程度后，无须考虑募资总量、定增价格，也不需要考虑资金募不齐的情况。更为重要的是，微创光电此次再融资所获取到的所有资金都会补充到流动资金当中，流动资金对于上市公司的重要性不言而喻。而对于战略投资机构来说，本次再融资能够在相当长的一段时间内锁定一个偏低于市场价的定增价格，当证券正式发行后，增值的可能性非常大。

在再融资实施进展上，同享科技和盖世食品比微创光电更快一步。在2022年5月18日的时候，同享科技就已经发布公告表示收到证监会同意公司向特定对象发行股票注册的批复，这是北交所自成立后再融资通过审批的“第一单”，比微创光电获批时间还要早3个月。根据公告中的相关内容，同享科技此次再融资会通过竞价的方式向特定对象发行600万以内的股票，募集1.05亿元以内的资金。该资金的主要用途为：对年产涂锡铜带（丝）15000吨项目进行建设，剩余资金补充到流动资金当中。但是，即使是最早获得证监会批准文件的上市公司，其再融资始终没有进入启动发行的阶段。

2022年7月20日，盖世食品也发布公告称，其再融资申请已通过证监会的审核，得到了证监会的批复文件，有效期在同意注册之日起的12个月内。根据公告中的相关内容，盖世食品此次再融资计划募资金额在1.6亿元以内。该资金的主要用途为：年产1.5万吨预制凉菜智能制造（加工）项目、研发及检测中心建设项目等。

另外，流金岁月、连城数控这两家公司的融资计划也正在进行。流金岁月于2022年3月30日发布公告表示：公司拟发行可转债，募集4亿元资金，募集资金主要用于总部基地项目、5G超高清摄传编播智慧平台研发及补充运用资金，这是北交所自成立以来的第一份发行可转债的草案。连城数控于2022年8月6日发布公告表示：拟定增价值13.6亿元股票，目前已通过股东大会表决。募集资金主要用于光伏电池片和光伏组件设备项目、单晶炉扩产项目、电子级银粉扩产项目及第三代半导体材料碳化硅衬底加工装备生产项目等多个项目。

而诺思兰德在2022年6月29日发布公告称，经慎重考虑后，公司决定终止再融资计划。这是北交所自成立以来第一家再融资进展到注册阶段后选择终止的公司，公告中称，之所以要终止本次再融资计划，是因为“鉴于资本市场环境、融资时机的变化，结合公司的实际情况、发展规划、自身融资需求等诸多因素”。诺思兰德的再融资计划始于2021年12月22日，此时，其再融资申请已得到北交所的受理批复，在2022年3月4日的时候，其再融资计划经北交所审核通过，正式进入证监会注册阶段。但在2022年6月22日的时候，诺思兰德对注册反馈提出了第二次延期回复申请，随后不久，便发布公告终止此次再融资计划。业内专业人士表示，诺思兰德曾两次申请延期回复注册反馈，这意味着诺思兰德仍希望再融资计划能够顺利完成，之所以要选择终止计划，大概率是因为部分材料不符合证监会注册的相关规定。

德源药业在2022年4月11日时，也发布公告表示终止再融资计划。此前，德源药业发布公告称：公司拟募集1.6亿元资金，资金用途为增资控股同立海源55%股权。但此次再融资计划还没有进入正式申请阶段，在董事会公告时就选择了终止。

除此之外，贝特瑞作为北交所市值最大的上市公司，在2022年6月23日也发布公告表示，公司拟向特定对象发行股票募集资金总额不超过50亿元，资金主要投入到云南贝特瑞新能源材料有限公司年产20万吨锂电池负极材料一体化基地项目（第一期）当中。这是北交所成立以来出现的数额最大的再融资计划。但贝特瑞的董事长贺雪琴因涉嫌违反相关规定，被证监会立案调查，导致公司未能满足股票发行的相关条件，再融资计划暂时搁置。

北交所上市公司的再融资计划为何需要暂缓？

针对这一情况，朱为绎直接表示“这不正常，不能把北交所企业圈起来就好，还得给它们一条出路。”他认为，在这几年的时间内，北交所成功完成再融资的上市公司极少，主要有两个方面的原因：一方面，北交所提供给上市公司的再融资工具实在是太少了，中小企业很难找到一个适合自身的融资工具；另一方面，北交所的二级市场活跃性不足，无法满足上市公司的融资需要，北交所应推出公募可转债，并尽可能地引入公募基金，推出融资融券，引入更多的投资者，提高市场的资金量，这样能够更有效地满足上市公司的再融资需求。

张奥平（增量研究院院长）也表示“我们始终认为，好的企业、好的资产，无论在什么市场情况之下，无论在资本市场哪个板块当中，它都不会缺乏融资的可能性，都不会缺资金。所以，中小企业还是要把自己的创新性体现出来，把自己的成长能力展示出来。一些中介机构也应该更加积极地去配合这些创新型的中小企业。虽然它们融资的体量并不大，虽然当前所处阶段还偏早，但是它的一些关键核心技术上的突破，它所具备的一些成长属性，需要及时传达给资本市场的资金端，相信优秀的创新型中小企业进行再融资的话，市场是会给到一个合理的资金匹配的。”

另外，张奥平还表示：北交所的成立时间并不长，相较于其他市场而言，目前仍处于初步建设的阶段。北交所目前的首要任务，应该是提高市场的资金量。实际上，从 2022 年 6 月开始，北交所的资金就已经在进行快速扩容了，上市公司的数量、受理公司的数量与上一年相比都得到了大幅度的提升。北交所作为一个为中小企业提供服务的资本市场，想要达成良性循环，就必须要拥有一定数量的优秀上市公司，只有优秀上市公司达到了一定的数量，投资者才会进入这个市场，市场的活跃性才能够得到提升。

张克亮（渤海证券做市业务负责人）也表示：当公司在北交所成功上市之后，身份得到了较大的提升，并且得到了更多的资金，中小企业并不能很快地适应这一变化。他说：“北交所融资有点冷的最重要原因，我想是因为大部分企业还在消化、调整或者利用自身的这种身份以及实力带来的变化，以更好地适用自己所在领域或者产业链中能够发挥的作用，或者带来的新的业务机会。就像高中生考上大学之后，需要调整自身的心态以及学习和生活节奏，才能更好地适应身份和环境的变化。很多以前想要做而做不了的市场、研发或产线，现在都可以做了，这需要整个管理层花费大量的时间和精力，有了资金之后业务优先，我想这是北交所上市公司还没有急于融资的重要原因。”“北交所已经具有良好的再融资功能，虽然还需要不断完善，但更重要的事情还在于注重吸引机构投资者、吸引长期资金入市，活跃二级市场，尽快形成自身相对的估值体系，让市场各方有清楚明确的市场预期，才是有利于北交所长远发展的关键所在。”

另外，张克亮还表示，北交所上市公司成功再融资的案例极少，主要原因在于北交所的二级市场还不够活跃，估值较低，在这个时候选择再融资，价格上不去，回报偏低，所以大多数企业都是持观望的态度，暂缓再融资计划的进行。且北交所提供给上市公司的再融资工具实在太少，除了定向发行可转债及增发股票之外，就没有合适的方式了，所以大家都选择等一等，希望北交所能够提供更好的融资工具。

第九章　北交所企业上市实务

随着北交所进程的加快，越来越多的企业开始关注北交所的发展。但是，有了新三板的前车之鉴，大家对于北交所也秉持着比较谨慎的态度。而具有上市潜质的企业对于上市前的准备问题，都需要提前了解。

一、北交所上市的时间、费用

在北交所设立之前，新三板挂牌企业转板至其他板块的门槛都比较高，耗费成本也大，而北交所设立之后，拓宽了优质企业上升渠道。那么，企业在北交所上市，需要多长时间呢？

首先，企业完成股改大约需要花费 3 个月的时间。

企业需要在新三板挂牌满一年，才有在北交所上市的资格。新三板要求其挂牌企业必须是股份有限公司，因此如果企业不是股份有限公司，就要先进行股份制改造，也就是大家常说的“股改”。整个股改过程包括财务梳理、股权机构调整等，大约需要 3 个月。

其次，挂牌新三板需要花费 4 到 6 个月。

股改完成后，企业便可以选定申报基准日，经历申报、反馈到挂牌的过程，花费时间为 4 到 6 个月。

再次，新三板挂牌一年且进入创新层。

规定要求：每年5月第一周是基础层向创新层的转层周，由督导机构填报上报，符合条件的企业自动从基础层转为创新层。

企业想要在北交所上市，首先要进入创新层，因此要把握好这个时间节点。

最后，在北交所上市需要6个月左右的时间。

1. 受理

北交所企业上市受理规则如下。

《北京证券交易所上市公司证券发行上市审核规则（试行）》
第五条　本所发行上市审核遵循依法合规、公开透明、便捷高效的原则，提高审核透明度，明确市场预期。 本所对上市公司证券发行上市实行电子化审核，通过本所发行上市审核业务系统（以下简称审核系统）办理。 **第二十条**　本所收到发行上市申请文件后，对申请文件的齐备性进行核对，并在五个工作日内作出是否受理的决定，本规则另有规定的除外。 申请文件齐备的，出具受理通知。申请文件不齐备的，一次性告知需要补正的事项。补正时限最长不得超过三十个工作日。多次补正的，补正时间累计计算。 上市公司补正申请文件的，本所收到申请文件的时间以上市公司最终提交补正文件的时间为准。 **第五十七条**　保荐机构报送的发行上市申请文件在十二个月内累计两次被不予受理的，自第二次收到本所不予受理通知之日起三个月后，方可报送新的申请文件。 本所认为上市公司不符合发行条件、上市条件或信息披露要求，作出终止发行上市审核决定，或者中国证监会作出不予注册决定的，自决定作出之日起六个月后，上市公司方可再次提出发行上市申请。

2. 审核机构审核

北交所企业上市审核机构审核规则如下。

《北京证券交易所上市公司证券发行上市审核规则（试行）》
第二十四条　本所发行上市审核机构自受理之日起十五个工作日内，通过审核系统发出首轮审核问询。 在首轮审核问询发出前，上市公司、保荐机构、证券服务机构及其相关人员不得与审核人员接触，不得以任何形式干扰审核工作。在首轮审核问询发出后，上市公司及其保荐机构、证券服务机构对本所审核问询存在疑问的，可与本所发行上市审核机构进行沟通；确需当面沟通的，应当预约。

第二十六条 上市公司及其保荐机构、证券服务机构应当按照审核问询要求进行必要的补充调查和核查，及时、逐项回复审核问询事项，补充或者修改相应申请文件，在收到审核问询之日起二十个工作日内通过审核系统提交回复文件。预计难以在规定的时间内回复的，保荐机构应当及时提交延期回复申请，说明延期理由及具体回复时限，延期一般不超过二十个工作日。上市公司及其保荐机构、证券服务机构回复本所审核问询的时间总计不超过两个月。

第三十四条 上市公司向不特定合格投资者公开发行股票的，本所发行上市审核机构收到问询回复后，认为不需要进一步问询的，提请上市委员会审议。

在本所发出上市委员会审议会议通知时，上市公司应当披露更新后的募集说明书等申请文件。

3. 上市委员会审议

北交所企业上市委员会审议规则如下。

《北京证券交易所上市公司证券发行上市审核规则（试行）》

第三十条 上市公司发行股票的，本所自受理之日起两个月内出具符合发行条件、上市条件和信息披露要求的审核意见或者作出终止发行上市审核的决定。

上市公司及其保荐机构、证券服务机构回复本所审核问询的时间不计算在本条规定的时限内。

发行上市审核过程的中止审核、请示有权机关、落实上市委员会意见、暂缓审议、处理会后事项、实施现场检查、实施现场督导、要求进行专项核查，并要求上市公司补充、修改申请文件等情形，不计算在本条规定的时限内。

第三十五条 上市委员会召开审议会议，对本所发行上市审核机构出具的审核报告及上市公司发行上市申请文件进行审议，通过合议形成是否符合发行条件、上市条件和信息披露要求的审议意见。

上市委员会要求对上市公司及其保荐机构进行现场问询的，上市公司代表及保荐代表人应当到会接受问询，回答参会委员提出的问题。

上市公司存在尚待核实的重大问题，无法形成审议意见的，经会议合议，可以对该上市公司的发行上市申请暂缓审议，暂缓审议时间不超过两个月。待相关事项核查完毕后，本所发行上市审核机构再次提请上市委员会审议。对上市公司同一发行上市申请，上市委员会只能暂缓审议一次。

第三十六条 上市公司申请向不特定合格投资者公开发行股票的，本所结合上市委员会的审议意见，出具符合发行条件、上市条件和信息披露要求的审核意见，或者作出终止发行上市审核的决定。

上市委员会审议通过但要求上市公司补充披露有关信息的，本所发行上市审核机构通知保荐机构组织落实，并对落实情况进行核对，通报参会委员。上市公司补充披露相关事项后，本所出具审核意见。

4. 报送证监会并完成注册

北交所企业上市报送证监会并完成注册规则如下。

《北京证券交易所上市公司证券发行上市审核规则（试行）》
第三十一条　本所审核完成，认为符合发行条件、上市条件和信息披露要求的，向中国证监会报送审核意见、相关审核资料和上市公司的股票发行上市申请文件。 中国证监会要求本所进一步问询的，本所向发行人及其保荐机构、证券服务机构提出反馈问题。 中国证监会在注册程序中，决定退回本所补充审核的，本所发行上市审核机构对要求补充审核的事项重新审核。本所审核通过的，重新向中国证监会报送审核意见及相关资料；审核不通过的，作出终止发行上市审核的决定。

5. 发行上市

获得证监会同意注册后，企业即可依照规定发行股票，发行时点由企业自行选择。

从北交所受理开始，经历问询、形成审核意见等过程，花费时间为 6 个月左右。另外，再加上股改、挂牌、新三板挂满 1 年的时间，整体下来预估需要 2 年的时间。

企业在北交所上市，除了要付出时间成本，还有金钱成本，主要包括保荐承销费、律师费、评估费、发行手续费等，其中保荐承销费占比一般是最高的。而保荐承销费具体的花销包括保荐费、承销费以及支付给券商的辅导费。以行业情况收费来看，这 3 项收费情况一般如表 9–1 所示。通常情况下，融资金额和承销费率呈反比。

表 9–1　辅导费、保荐费、承销费的收费情况

辅导费	保荐费	承销费率
50 万元	200 万元到 350 万元	3% 到 12%

接下来，我们可以通过一些实际案例进行分析，如表 9–2 所示。

表 9-2　北交所上市企业收费案例

禾昌聚合（832089）	1. 保荐费用为 300 万元 2. 承销费用为 900 万元（行使超额配售选择权之前）；承销费用为 1080 万元（行使超额配售选择权之后） 3. 审计及验资费用为 330.19 万元 4. 律师费用为 103.77 万元 5. 用于本次发行的手续费及其他 16.98 万元（行使超额配售选择权之前）；1887 万元（若全额行使超额配售选择权） 注：以上发行费用均不含增值税，各项费用根据发行结果可能会有调整
泓禧科技（871857）	本次发行费用合计 1634.68 万元（行使超额配售选择权之前）；1821.89 万元（若全额行使超额配售选择权），发行费用概算： 1. 保荐承销费用 1338.00 万元（行使超额配售选择权之前）；1525.20 万元（若全额行使超额配售选择权） 2. 审计及验资费用 200 万元 3. 律师费用 96.60 万元 4. 信息披露费用 0 5. 发行手续费及其他费用 0.08 万元（行使超额配售选择权之前），0.09 万元（若全额行使超额配售选择权） 注：以上发行费用均不含增值税金额，各项发行费用根据最终发行结果可能会有调整
威贸电子（833346）	发行费用合计为 1475.47 万元（行使超额配售选择权之前）；1632.88 万元（若全额行使超额配售选择权），发行费用概算： 1. 保荐承销费用 1105.82 万元（超额配售选择权行使前）；1263.20 万元（全额行使超额配售选择权） 2. 审计及验资费用 256.06 万元 3. 律师费用 97.17 万元 4. 信息披露费用 4.72 万元 5. 发行手续费用及其他费用 11.70 万元（行使超额配售选择权之前）；11.73 万元（若全额行使超额配售选择权） 注：上述发行费用均不含增值税金额，最终发行费用可能由于金额四舍五入或最终发行结果而有所调整

二、中介机构的选择

当公司想要上市时，需要有一个中介机构负责相关事务。中介机构主要有律师事务所、会计师事务所和证券公司。在必要的情况下，公司还可以聘请第三方机构辅助其完成上市相关流程，如咨询机构、资产评估机构等。

对于公司而言，想要顺利实现上市，除了自身条件过硬，还需要一个优秀的中介机构辅佐，这样才能事半功倍。中介机构的主要职责，是为拟上市公司提供经营行为规范、股份改造、资源引进及提交申报材料等。如果公司选择的中介机构不符合自身的要求或是不称职，就会导致公司上市的进程受到严重的阻碍。2021 年 8 月，中国证监会发布公告称：目前已对 4 家中介机构正式进行立案调查。如果拟上市聘请了这 4 家中介机构，那么相关审核将会被暂停，这直接影响了 7 家拟在科创板上市的公司以及 30 家拟在创业板上市的公司。从中我们能够看出，中介机构对于公司上市的重要性。

相关数据显示，A 股在 2021 年度上市的新股数量达到了 524 只，首发实际募集资金总额达 5466 亿元，无论是上市新股的数量还是募集资金的总量，都突破了历史记录。

1. 保荐机构的选择

根据《投资时报》的相关内容可知，有 69 家券商分享了自己在 2021 年度获取到的 IPO 承销保荐收入，总计达到了 300 亿元，帮助上市公司募集到了约 6000 亿元的资金。其中，海通证券、中金公司及中信证券等 9 家业内知名券商的 IPO 承销保荐收入都突破了 10 亿元。但也有财达证券、湘财证券、红塔证券及财信证券等 29 家券商的 IPO 承销保荐收入不足 1 亿元。从中我们能够发现，保荐机构的两极分化相当严重，竞争极为激烈。

那么，上市公司应选择什么样的保荐机构呢？对于这一问题，因为不同公司的发展及规模情况都是不一样的，所以没有统一的答案。但总的来说，可以参考以下 7 个方面，如图 9–1 所示。

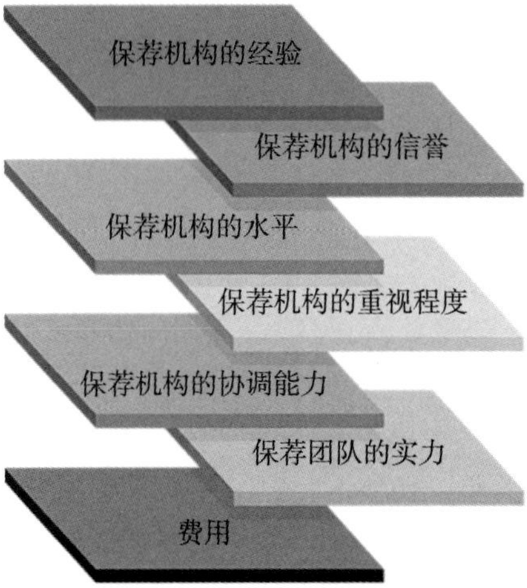

图 9–1　上市公司选择保荐机构的参考要素

（1）保荐机构的经验。

毋庸置疑，无论是什么行业，肯定是经验越丰富越好，证券业也是如此。在选择保荐机构的时候，拟上市公司应通过各种途径了解保荐机构的历史，比如是否有成功帮助本行业内企业上市的经验。

（2）保荐机构的信誉。

自古以来，做生意都非常讲究信誉，一个没有信誉的人，能力再大也没有用。拟上市公司应事先查询保荐机构是否有证监会处罚记录、行政处罚记录及涉诉等情况。避免在上市过程中，由于保荐机构本身的问题影响了进程。

（3）保荐机构的水平。

保荐机构的资产规模、人员构成等情况同样是非常关键的因素之一，拟上市公司需要充分判断保荐机构是否能够满足自身的需求。并且还要重视保荐机构的内核程序、质控程序，如果这些程序出现了问题，也有可能导致公司的上市计划失败。

（4）保荐机构的重视程度。

在同一时间内，保荐机构或许会同时负责几家拟上市公司的保荐工作，在这种情况下，我们需要判断保荐机构对本公司上市的重视程度，重视程度越高，保荐机构就越是会派出更专业、经验更丰富的负责人来到企业当中完成相关工作，上市的成功率也会大大提高。

（5）保荐机构的协调能力。

在上市过程中，保荐机构不仅需要完成自身所负责的尽职调查及相关保荐工作，还需要负责协调其他中介机构，共同促进上市进程。所以，保荐机构必须拥有优秀的协调能力，集中各个中介机构的力量，共同攻克难关，避免出现各中介机构内耗、产生矛盾的情况。

（6）保荐团队的实力。

保荐机构承担了保荐责任后，通常会派出一个专业的保荐团队入驻拟上市公司，负责相关事务。因此，保荐团队的实力也是非常关键的因素之一，甚至比保荐机构本身的实力还要重要。那么，我们应该如何判断保荐团队的实力呢？在一个团队当中，最重要的就是领导人，我们需要了解该领导人的资历及手上拥有的资源，然后再去了解团队骨干人员的能力及经验，最后看看该团队之前承接过什么样的公司上市任务，并且是否成功。

（7）费用。

通常情况下，保荐机构的实力越强，所收取的费用会越高；拟上市公司的架构复杂程度越高，规模越大，费用也会视情况提升。除此之外，保荐机构的工作量、知名度、公司信息对称程度及上市难度等因素，都会影响到最终的费用。需要强调的是，保荐费用并不要求一次性付清，相关费用可以等到公司上市后，从募集资金中扣除。

2. 律师事务所的选择

在公司上市过程中，律师事务所的职责就是根据公司的实际情况，从法律角度编制上市方案，并帮助公司解决上市过程中所遇到的法律问题，根据相关法律法规的要求，出具公司上市必需的所有法律文书，在最后阶段，律师事务所还需要出具《律师工作报告》《法律意见书》等文件。

那么，拟上市公司又应该选择什么样的律师事务所呢？不同的律师事务所会有不同的侧重点，相比于知名的律师事务所，部分专注于公司上市业务的小规模律师事务所也是不错的，具体需要结合公司的实际情况进行选择。但不管选择什么样的律师事务所，都需要充分考虑到两个问题：一是律师事务所的服务水平；二是律师团队的综合实力。我们可以从以下 4 个方面入手，挑选合适的律师团队，如图 9–2 所示。

图 9–2　挑选律师团队的参考要素

（1）团队经验。

如果律师团队的主要业务是辅助公司上市，那么这样的团队通常具备经验丰富的律师，能够更好地解决上市过程中遇到的问题。另外，有经验的团队通常也有着丰富的资源，他们会和相关中介机构有着紧密的联系，并且认识许多投资人，在确保企业上市的同时，还能够提供不少增值服务。

（2）团队对本行业的熟知程度。

正所谓“隔行如隔山”，不同行业的公司上市所需要面临的情况也是不同的，所以，选择律师团队时，应该了解其是否熟知本行业的特点，之前是否有帮助过本行业公司上市的案例。如果律师团队对本行业的情况十分熟悉，就能充分结合本行业的特点，在对招股说明书进行审查的时候更为准确地提出问题，加快审核的速度。

（3）团队的交流能力。

在上市过程中，律师团队不可避免地要与公司进行充分交流，部分情况下还需要与董事长进行交流，如果没有良好的交流能力，那么在解决问题的时候就会遇到各种阻碍。因此，律师团队的交流能力也是必不可少的。

（4）承办律师的能力及态度。

承办律师的能力是十分关键的，因为承办律师会在上市过程中全程参与，在遇到相关问题时，能力强的律师能够在第一时间指出问题存在的原因并提出改进意见；另外，承办律师的态度同样也十分关键，即便其能力上并不是那么出色，还会有会计师、券商等其他团队的成员为其提供帮助，如果态度差、能力也差，那么大概率会影响到上市的进程。

3. 会计师事务所的选择

在公司上市过程中，会计师的主要职责是负责对财务进行审计，相对来说，它发挥的是独立性作用，对其他团队不会产生太大的影响。

那么，拟上市公司应该选择什么样的会计师事务所呢？根据相关数据，天健会计师事务所、立信会计师事务所、容诚会计师事务所、大华会计师事务所这四大会计师事务所承担了 50% 的在审计项目，之所以出现这样的情况，是因为他们的有着丰富的成功案例，积累了雄厚的经验，但这也使得他们的报价相对较高。对于中小企业而言，这样的价格或许会令他们无法承受。其实，我们并不一定要选择知名度高的会计师事务所，知名度不高、规模较小但能力很强的会计师事务所同样是一个不错的选择。具体来说，我们可以从以下 3 个方面入手，挑选合适的会计师事务所，如图 9–3 所示。

（1）对会计师事务所的证券期货从业资格进行确认。

因为会计师事务所最大的作用，就是对拟上市公司的财务进行审计并出具审计报告，如果没有相关的从业资格，是无法出具审计报告的。

（2）对会计师团队的审计方式进行深入了解。

拟上市公司是否能够顺利完成上市，很大程度上取决于公司的财务指标。需要注意的是，审计方式不同、财务处理方式不同，会对公司的纳税金额和税后利润产生较大的影响，在财务数据真实性得到保证的前提下，当然是利润越

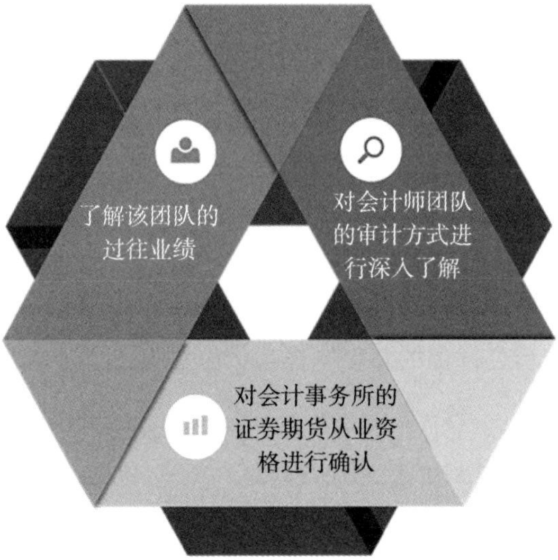

图 9-3　挑选会计师事务所的参考要素

高，上市的成功率越大。

（3）了解该团队的过往业绩。

同等情况下，过往业绩能够直接反映出团队的能力，过往业绩越好，意味着该团队的能力水平越高。总的来说，虽然经验和成功案例是两项十分关键的选择因素，但适合自己的才是最好的，公司需要结合自身的实际情况，挑选与自身最匹配的中介机构。

拟上市公司没有必要一定要盯着规模大、名气高、能力强的中介机构，这些中介机构的费用通常远高于市场水平，且不一定会将最好的团队安排给你。所以，在选择中介机构时，只需选择经验丰富的机构即可，因为这样的机构能够保证三家机构相互配合，共同推进项目。

三、中介机构的尽职调查

尽职调查又称为“审慎性调查”，由此可见其所涉及的内容的谨慎程度。

如此谨慎的尽职调查是融资过程中必不可少的一环，且操作流程复杂，时间较长。进行尽职调查，主要是为了帮助投资者验证信息，以此来达到自身目的。

1. 进行尽职调查的目的

根据证监会《保荐人尽职调查工作准则》的第一章第二条规定：尽职调查是指保荐人对拟推荐境内公开发行股票、可转换债券、存托凭证等公司（以下简称“发行人”）进行的尽职调查，通过执行合理、必要的尽职调查程序，以合理确信发行人符合《证券法》等法律法规的相关规定，符合中国证监会及证券交易所规定的发行条件、上市条件和信息披露要求，以及合理确信公开披露文件已结合发行人实际情况进行有针对性的风险提示，充分披露了投资者作出价值判断和投资决策所必需的信息，信息披露真实、准确、完整。

也就是说，企业在公开发行股票上市之前，需要配合保荐人的行为，让其对企业的历史数据和文档、市场风险、技术风险以及资金风险等进行全面审核，以此来达到以下 3 个目的。

（1）减少信息不对称。

企业与保荐人对企业信息了解存在误差，能够获取的信息程度也不尽相同。信息不对称将会减弱保荐工作的成效，影响企业上市的结果。因此，保荐人必须对企业进行尽职调查，以此来避免信息不对称造成的严重后果。

（2）评估企业潜在风险。

即将上市的企业面对的风险各种各样，比如财务风险、业务方向、信誉风险等。尽职调查是企业进行风险管理的重要步骤，能够帮助企业更为全面地了解存在的风险并且评估风险带来的影响，有助于预防不良后果的发生。

（3）发现企业的内在价值。

通过尽职调查，保荐人可以掌握企业当前的财务账面价值以及未来收益，帮助企业发掘内在价值，进一步确定企业股票的发行价格。

发行上市尽职调查包括 4 类，分别是法律尽职调查、财务尽职调查、业务尽职调查以及其他尽职调查。企业应当及早制订应对上市尽职调查的预案，预案内容包括 5 点，如图 9–4 所示。

1	他是谁：即企业的实际控制人、管理团队
2	他在做什么：即企业产品或服务，并将其分类且分析市场竞争力
3	他做得如何：收集经营数据、财务数据，特别是近3年内的财务状况、经营成果、现金流量，并将数据信息通过纵向、横向的方式进行比较
4	别人如何看：投资者、银行机构、消费者甚至是竞争对手的态度
5	我们如何做：在全面了解企业的基础上，评估企业价值，并且根据企业信息结合以往经验设计授信方案以及控制措施

图 9–4　上市尽职调查预案内容

上市尽职调查预案可以帮助企业发现存在的风险和法律问题，也有助于企业及时修正。

2. 企业尽职调查的基本流程

通过对多家企业的尽职调查进行了解，我们总结了企业尽职调查的基本流程，总共分为 9 个步骤。

步骤一：由企业选择并且指定一家投资银行，由其对整个尽职调查进行协调与谈判。

步骤二：由潜在投资者选择并且指定专业的尽职调查机构，并且组成尽职调查小组。在尽职调查小组中，通常由律师、会计师以及财务分析师三个领域的专家组成。

步骤三：潜在投资者选择并且指定专家顾问，与企业签署保密协议，避免泄露企业重要信息。

步骤四：在尽职调查小组的指导下，企业将尽职调查所需要使用的相关资料收集在一起，并且对所有资料做好索引，所需资料包含但不限于以下内容，如表 9–3 所示。

表 9-3 尽职调查所需使用的相关资料

编号	名称	备注
1	用款公司营业执照、组织机构代码证、税务登记证、开户许可证、贷款卡、公司章程、验资报告、其他特许证件等	通过年检，贷款卡需清晰看到贷款账号，从未贷过款可不用
2	公司简介及法人、实际控制人和高管人员简历	
3	法人及配偶和实际控制人及配偶身份证、户口本、结婚证复印件，企业或实际控制人及配偶名下资产（房产）清单及相应的权证原件	尽可能详细提供，对借款将起关键作用
4	公司财务报表（近两年年报和近期月报表）、财报主要科目余额明细（应收、应付账款，存货，固定资产，银行短期借款金额、期限、担保方式、贷款行，预收账款，预付账款，其他应付款）、上年度纳税申报表及上月申报表、近三个月的销售发票，完税凭证（复印件）、公司主要上下游客户购销合同	应收账款质押贷款需提供同本次融资相关的招投标合同、贸易销售合同与合作协议、相应订单、发票、对账单、收发货单
5	公司及个人近半年银行对账单，含摘要栏	尽可能详细提供，对借款将起关键作用
6	公司主要销售产品的名称、采购价格、销售价格明细	凭本人身份证到当地人民银行查询
7	法人代表及配偶和实际控制人及配偶个人征信查询报告，含具体明细	
8	公司贷款卡查询报告，含具体明细	凭公司公章到基本户开户行或当地人民银行查询
9	拟抵押资产的产权证及房产证原件及复印件	

步骤五：准备尽职调查清单。

步骤六：相关资料需要放置在“尽职调查室”，无关人员不得接触。

步骤七：建立一套程序，以此来让潜在投资者了解到企业的其他问题，同时获取保存在“尽职调查室”中能够披露的文件，通过复印的形式展现给投资者。

步骤八：由投资者聘请的尽职调查小组作出报告，并且对能够决定企业价值的重要因素、事项进行简单介绍。需要注意的是，在尽职调查报告中，反映的内容必须是真实的，并且着重描述对融资价格造成影响的因素。

步骤九：双方就尽职调查结果进行谈判，并且由投资者提供合同草稿，以供修改。

这一流程并非所有企业都适用，但在大多数情况下是可以按照这一流程走的。尽职调查涉及的内容非常多，如果进行详细描述，足以形成一本书，企业一一学习需要花费的时间非常多，因此最好由专业的人完成专业的事。

3. 业务、财务、法务尽职调查的主要内容

投资者在筛选项目之后，还需要反问自己：这一项目是否真的存在这么大的机会？是否还有哪些隐藏的风险是自己没有察觉到的？这便需要对企业进行检查核对，也就是尽职调查。有的尽职调查越查越靠谱，有的则越查越离谱。无论结果如何，只有通过业务、财务、法务三方面的尽职调查，投资者才能安心进行投资。

（1）业务尽职调查。

业务尽职调查主要由项目团队负责，通常包括以下 6 点主要内容，如图 9–5 所示。

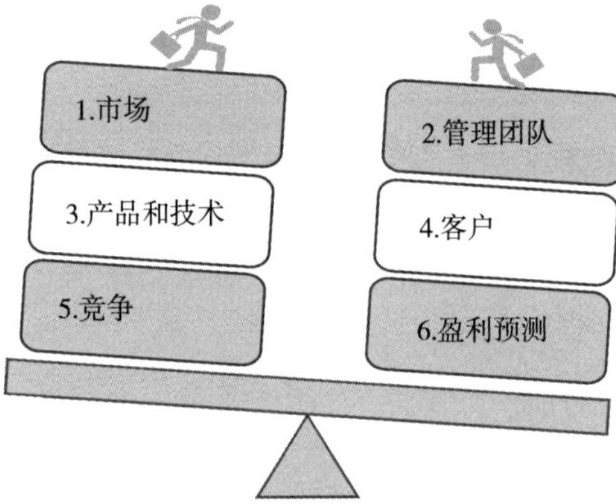

图 9–5　业务尽职调查的 6 点主要内容

①市场。投资者进行投资的主要目的，是为了分享企业的高增长和高回报，因此对于市场规模大小以及增长速度这两点因素尤为看重。在进行业务尽职调查时，需要对这两点进行严格验证，尤其是需要避免以下情况出现。

一是企业项目市场可能只是个伪需求，既不是刚需品，同时也不高频，而且用户付费意愿并不高。

二是企业项目的市场被过分夸大，投资者需要的是潜在市场，而不是不可触及的市场。

②管理团队。除了市场调查，在业务尽职调查中，对管理团队的调查也是重中之重，在这一方面，建议项目团队可以对企业的所有管理者进行访谈。如果一个管理团队的实力能够达到行业的前三名，那么发展潜力必然是不可估量的。

③产品和技术。对企业的产品和技术进行调查，是投资者初步判断企业是否存在竞争壁垒的重要方式。在产品调查方面，可以详细了解产品的各项参数、优缺点等，甚至在了解某些特定产品时，可以由投资者亲自进行试用。而在技术评估方面，项目团队最好咨询相关领域的专家。尤其是在调查与专利保护相关的技术方面，要对企业的技术专利权进行充分调查。

④客户。客户不仅仅是企业的目标用户，还包括企业的供应商。在尽职调查中，需要明确了解企业的目标用户群体，并且调查是否存在需要依赖于少数关键客户的可能性。在做尽职调查时，项目团队可以通过客户访谈、抽查等方式，以此来了解企业的营销能力以及产品未来销售情况的真实性。同时，企业销售模式的运作方式及其管理能否达到高效的标准，也是项目团队需要调查的内容。

⑤竞争。从理论上来说，只要是发展前景良好的市场，都会存在竞争。如果企业说自己十分优秀，没有竞争对手，即便是潜在的也没有，那么这种情况明显是不可信的。这很有可能说明该企业低估了市场竞争，或者说该创业团队在管理能力上尚有欠缺。因此，在尽职调查中，企业所面临的竞争者、具备的核心优势等都是需要调查的内容。

⑥盈利预测。盈利预测关系到企业的成长性，与投资者的回报收益也有所关联。通常情况下，企业会在商业计划书中将盈利预测进行较为详细的分析，而在尽职调查中，项目团队需要做的便是通过对项目的各种因素进行拆

分，以此来验证企业能否做到其所提及的预测情况。

（2）财务尽职调查。

财务尽职调查需要由专业的财务人员负责，由其从财务方面来调查企业的状况，以此来为投资者提供参考依据。财务尽职调查的主要内容有 3 点，如图 9-6 所示。如果企业尚处于初创阶段，通常情况下不会有较多的收入和利润，这种情况下，尽职调查过程相对简单。而企业越发展到后期，其项目复杂度越高，这需要财务人员耗费大量时间与精力进行详细调查。通常情况下大家说的入场尽职调查，便是财务尽职调查中查账的过程。

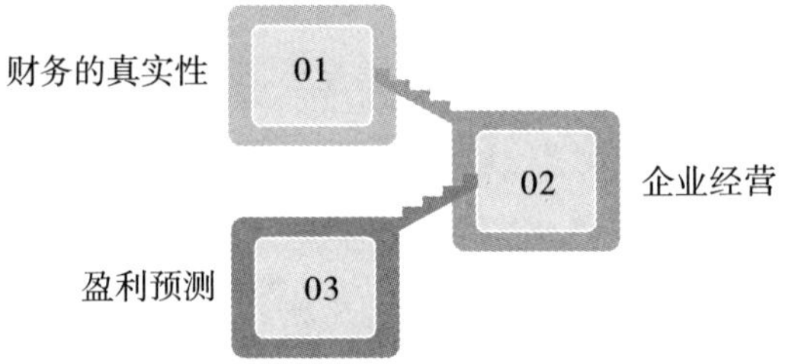

图 9-6　财务尽职调查的 3 点主要内容

①财务的真实性。这些年关于财务造假的新闻不断，财务造假不分领域、不分发展阶段。为了保证投资者的利益，在尽职调查过程中，必须要对财务的真实性进行调查。财务人员通过收集企业的财务资料，包括审计报告、财务报表、纳税申报表等，以此来核实企业的财务数据是否真实可靠。

②企业经营。也就是说，从财务数据角度来查看企业的经营状况。比如，通过计算资产负债率、流动比率或者查看现金流等各个数值指标，以此来判断企业经营状况是否稳健。另外，还可以在一定程度上了解企业的烧钱速度。

③盈利预测。一般情况下，企业对自己的盈利预测都偏向乐观。但是企业获得盈利，首先要投入费用，同时还要考虑市场状况、竞争对手等各方面因素，具有较大的不确定性。因此在财务尽职调查中，财务人员需要以谨慎的角度来验证盈利预测能否实现。

（3）法务尽职调查。

法务尽职调查也需要专业的法务人员来负责，通常情况下是从专业机构聘请专业人员。进行法务尽职调查的主要内容有 3 点，如图 9–7 所示。

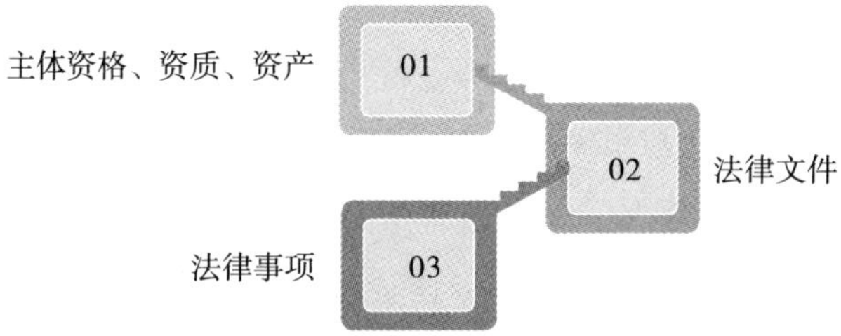

图 9–7　法务尽职调查的 3 点主要内容

①主体资格、资质、资产。企业的主体资格、资质、资产，需要调查人员从工商注册、牌照、土地厂房所有权等方面着手进行调查。

②法律文件。法律文件包括合同、协议、纪要、决议、章程等，主要核查企业是否存在违规、重大法律缺陷或者是对投资者不利的条款等现象。

③法律事项。法律事项包括审查企业是否存在重大法律诉讼、罚款、未缴纳费用等。

投资是投资者对风险和机会进行的评估和把握，而尽职调查便是投资者掌控风险和确定机会的重要手段。将尽职调查做好，投资者的把握便更多一分。

4. 投资人在尽职调查过程中最关心的 5 个维度

尽职调查阶段是投资者对于企业在商业计划书中所提到的内容进行验证的阶段，进一步扩展需要了解的问题，以此来降低投资风险，可谓是面面俱到。在尽职调查过程中，投资者最为关心的 5 个维度如下。

（1）团队是否强大与健康。

要知道，一个优秀的团队能够带动企业的发展，项目执行起来也会事半功倍；与之相反的是，一个发展并不健全的团队，在很大程度上会拖累企业的发展。因此，企业团队的综合情况如何，是投资者十分看重的内容。在尽职调查中，如果企业团队较小，投资人可能会逐一约见每位成员，并且对成员的忠诚度、核心竞争力、管理风格等进行考核。

（2）关于产品或服务的准备。

企业的技术部门、营销部门通常是尽职调查的首要被调查人员。投资者需要对企业的发展进程有详细的了解，因此需要从评估产品上做起。对此，企业方需要做好准备，让投资者对于企业宣称的产品感到满意，尤其是在产品功能与质量上，而企业的技术部门、营销部门是产品能够实现拟定目标的重要保证。

（3）市场需求和大小的确认。

一位优秀的投资者也许能够给企业带来资金与资源，但无法左右用户的想法，要求用户一定会购买企业的产品。因此，投资者会从企业提供的目标市场人群寻找目标用户，并且对其进行简单调查，以此来了解企业产品的市场状况。

（4）可持续的竞争优势。

如果投资者发现了企业在商业计划书中没有提及的竞争风险，无论是创业者忘了提及还是自身没有发现，都极有可能导致融资失败。投资者在尽职调查过程中，往往会通过行业分析来确认企业的产品或服务是否具备可持续的核心优势，是否在发展过程中能一马当先。

（5）企业状况和财务状况。

企业所拟定的目标目前发展到哪里、企业的财务状况如何等问题，都是投资者所关心的问题。投资者会在尽职调查中了解企业在这一轮融资之前的融资情况、股权分配情况，并以此来形成市场投资表。除此之外，企业及其管理人员的信用程度、是否具备长期的偿付能力等，也会影响融资的结果。

企业需要对以上 5 点内容做好全面的准备，达到北交所的要求是理所当然的，如果没有达到，则说明企业仍需努力。

四、上市前的企业股份制改造

公司想要在北交所进行 IPO 上市，必须先成立股份有限公司，进行企业股份制改造（以下简称股改），如果在股改过程中，没有做好相应的处理，那么很大概率会影响后续的 IPO 进程。下面就让我们来看看，如果公司想要在北交所进行上市，应该通过什么样的方式以及步骤进行股改。

1. 成立股份有限公司的条件

根据我国《证券法》《公司法》及相关监管机构的规定，有限责任公司股改或成立股份有限公司，需满足以下条件。

（1）应当有 2 人以上 200 人以下为发起人，其中须有半数以上的发起人在中国境内有住所。

（2）有符合公司章程规定的全体发起人认购的股本总额或者募集的实收股本总额。

（3）股份发行、筹办事项符合法律规定。

（4）发起人制订公司章程，采用募集方式设立的经创立大会通过。

（5）有公司名称，建立符合股份有限公司要求的组织机构。

（6）有公司住所。

如果想要在北交所上市，还需要遵守《全国中小企业股份转让系统业务规则（试行）》，其中明确规定了股份有限公司在全国股转系统上的条件。

（1）依法设立且存续满两年。有限责任公司按原账面净资产值折股整体变更为股份有限公司的，存续时间可以从有限责任公司成立之日起计算。

（2）业务明确，具有持续经营能力。

（3）公司治理机制健全，合法规范经营。

（4）股权明晰，股票发行和转让行为合法合规。

（5）主办券商推荐并持续督导。

（6）全国股转系统要求的其他条件。

2. 股改的具体流程

根据上述法律法规提到的条件我们可以看出，如果公司为了上市而进行股改，那么在设立方式、公司组织机构及股东人数上，都必须满足《公司法》中的规定。因此，拟上市公司进行股改的途径主要有两种：一是成立新的股份有限公司；二是有限责任公司整体折股变更为股份有限公司。

两种股改途径最大的区别在于：如果选择成立新的股份有限公司，那么公司存续期间由新公司成立之日计算；如果选择有限责任公司整体折股变更为股份有限公司，那么公司存续期间仍然是从有限责任公司成立之日计算。因为北交所对于公司上市的条件为：公司成立满 2 年，所以绝大多数公司在进行股改的时候，都会选择第二种方式。

接下来我们就来看看，将有限责任公司整体折股变更为股份有限公司需要经过哪些流程。

（1）前期准备工作。

在股改之前，应结合公司的实际情况，成立专业的股改小组负责对公司进行股份制改造。根据《公司法》中对公司改制的相关规定：董事会需要结合公司情况，明确地提出公司形式变更的决议，并提交给公司的股东会进行审核；如公司不设董事会，那么提出公司形式变更的决议这一责任就交由执行董事负责，决议提出后，同样需要交给股东会进行审核。另外，规定还要求“变更公司形式的决议，必须经代表三分之二以上表决权的股东通过”。

如果股东大会通过了变更公司形式的决议表决，那么接下来要做的就是成立股改小组。股改涉及的方面非常多，且难度大、专业性强，所以股改小组的成员选择必须要慎重，要确保其能够完成相关任务。一般情况下，股改小组由两部分人员组成：一部分是公司的高层领导、董事会秘书、财务人员及其他相关人员等内部人员；另一部分是券商、会计师、律师等中介机构。在股改过程中，股改小组的成员应密切联系、高度配合，共同推动公司股改的进行，如出现无法解决的问题，应通过会议形式进行解决，必要时还可以上报董事会，由董事会进行决议。

股改小组各个成员需要承担各自的责任。股改的草案应由公司内部的股改负责人、财务人员在券商的配合下完成，在编制草案过程中，律师、会计师等人需根据自身知识，提出专业性的意见及建议；资产评估、审计报表及盈利预测等工作，应由评估师、会计师在公司内部财务人员、生产人员的配合下完成；公司内部人员与中介机构的对接工作，应由董事会秘书完成；相关法律咨询、从法律角度审核公司改制文件并出具法律意见书，应由律师完成。

（2）聘请中介机构。

实际上，这一点是与股改小组成立同步进行的，因为股改小组需包含中介机构人员，在最开始时，就应该确定名单。那么，中介机构应该如何挑选呢？这一工作主要由董事会秘书负责完成，首先按照一定的标准及条件，对数量众多的中介机构进行遴选，遴选结束后，再根据公司的实际需求及中介机构的情况进行筛选，确定候选名单，最后交由股改小组根据名单进行挑选。在这个过程中，如有必要，还可以上报董事会，由董事会审议决定。

确定中介机构的名单后，应及时签订相关合同，正式确立委托关系。

（3）尽职调查。

在股改过程中，尽职调查是最为关键的一个部分，它能够直接影响公司股改是否成功。公司进行股改，主要是为了上市，所以在股改的时候，中介机构应该及时进行尽职调查，发现公司是否在发展变迁、历史沿革、财务状况、税务状况、股权代持、劳动人事状况、重大诉讼等方面存在问题，如有，应在第一时间进行解决，确保公司治理及财务状况满足上市的条件。

通常而言，中介机构进行尽职调查的方法为：与公司进行直接交流，入驻公司直接了解相关情况，要求公司提供真实、详细的一手资料；向银行发出询证函，了解公司的财务状况；到工商部门调取档案，了解公司的历史变革等。

尽职调查结束后，中介机构应出具相关意见，股改小组应就该意见对股改草案进行修改，拟定最终股改方案。最终股改方案通常需要包括以下内容：公司基本情况、资产明细、折股方案、业务重组方案及知识产权处置等。

（4）最终股改方案拟定完成后，交由董事会进行审议，审议通过后再交由股东会进行表决，表决通过后方可施行。

（5）股改方案实施前，律师需要结合本次股改的情况及公司情况，拟定发起人协议，所有发起人都需要对该协议进行审阅，确保无问题后进行签订。

（6）股改方案实施后，需要对公司的资产状况重新评估，并由专业的评估机构出具资产评估报告；另外，还需要对公司的财务状况重新审计，并由专业的会计师事务所出具审计报告。

（7）原有限责任公司的股东将手上持有的股权进行整体折股，并注入新设立的股份有限公司。需要注意，如原有限责任公司的部分股权属于国有股权或存在国有土地出资的情况，必须及时申请相关部门的批文，得到批文后再进行整体折股。

（8）完成上述程序后，股改基本可以宣告完成。最后要做的就是召开股份有限公司创立大会，所有发起人及认股人都应出席此次大会，并在会上决议公司章程、是否设立董事会等相关事项。决议通过后，签署创立大会的相关决议文件、公司章程及其他相关文件。

（9）公司创立大会结束，接下来要做的就是前往工商部门完成公司变更手续。至此，股改彻底结束，公司正式由有限责任公司转变为股份有限公司。

五、北交所挂牌申请环节

北交所明确规定“发行人应当为在全国股转系统连续挂牌满十二个月的创新层挂牌公司”，根据《全国中小企业股份转让系统股票挂牌条件适用基本标准指引》的内容，在此总结挂牌条件，如表 9-4 所示。

表 9–4　在北交所挂牌条件

挂牌条件	具体要求
一、依法设立且存续满两年	有限责任公司按原账面净资产值折股整体变更为股份有限公司的，存续时间可以从有限责任公司成立之日起计算。整体变更不应改变历史成本计价原则，不应根据资产评估结果进行账务调整，应以改制基准日经审计的净资产额为依据折合为股份有限公司股本。公司申报财务报表最近一期截止日不得早于股份有限公司成立日 【备注 1】全国股转公司于 2017 年 9 月将“申报财务报表最近一期截止日不得早于改制基准日”调整为“公司申报财务报表最近一期截止日不得早于股份公司成立日”，即审计报告审计截止日需覆盖股份公司营业执照日期 【备注 2】财务报表在其最近一期截止日后 6 个月内有效。特殊情况下，可申请延长有效期，延长期限最长不得超过 1 个月。提交申请挂牌文件时，财务报表剩余有效期不得少于 2 个月 【备注 3】申请财务报表已超过有效期仍未取得证监会核准或全国股转公司同意函的，允许补充审计一次，补充审计后的财务报表剩余有效期应符合前述【备注 2】的规定
二、业务明确，具有持续经营能力	公司可同时经营一种或多种业务，公司业务在报告期内应有持续的营运记录，公司营运记录应满足下列条件： （1）公司应在每一个会计期间内形成与同期业务相关的持续营运记录，不能仅存在偶发性交易或事项 （2）最近两个完整会计年度的营业收入累计不低于 1000 万元；因研发周期较长导致营业收入少于 1000 万元，但最近一期末净资产不少于 3000 万元的除外 （3）报告期末股本不少于 500 万元 （4）报告期末每股净资产不低于 1 元 / 股 报告期内申请挂牌公司发生实际控制人变更或者主要业务转型的，在符合其他挂牌条件的情况下可申请挂牌，即最近 24 个月内实际控制人发生变更或者主营业务发生变更，不构成挂牌障碍
三、公司治理机制健全，合法规范经营	具体包括法律上及财务上合法合规，存在不规范情形，如公司的控股股东、实际控制人及其关联方存在占用公司资金、资产或其他资源情形，应在申请挂牌前予以归还或规范 公司财务报表应由符合《证券法》规定的会计师事务所出具标准无保留意见的审计报告。财务报表被出具带强调事项段的无保留审计意见的，应全文披露审计报告正文以及董事会、监事会和注册会计师对强调事项的详细说明，并披露董事会和监事会对审计报告涉及事项的处理情况，说明该事项对公司的影响是否重大、影响是否已经消除、违反公允性的事项是否已予纠正
四、股权明晰，股票发行和转让行为合法合规	公司在区域股权市场及其他交易市场进行融资及股权转让的，在向全国股转系统申请挂牌前应在区域股权市场及其他交易市场停牌或摘牌，并在全国股转系统挂牌前完成在区域股权市场及其他交易市场的摘牌手续
五、主办券商推荐并持续督导	公司须经主办券商推荐，双方签署了《推荐挂牌并持续督导协议》并由其出具推荐报告

通常情况下，企业挂牌是先进入基础层，随后再进入创新层，具体流程如图 9–8 所示。

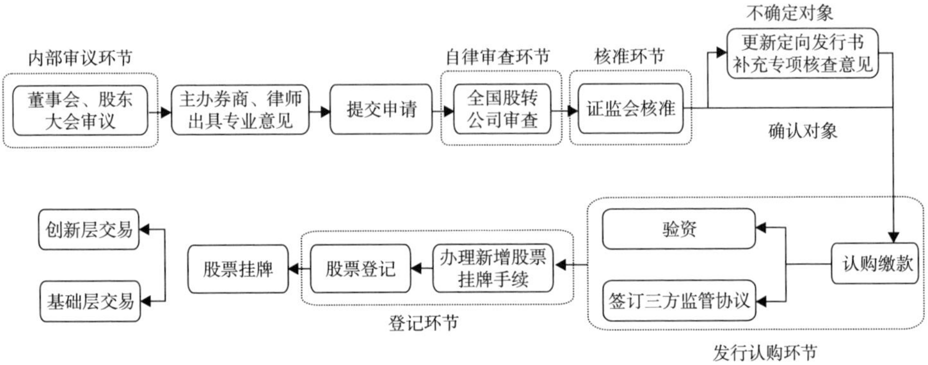

图 9–8　企业挂牌流程

另外，申请挂牌过程中涉及一些文件，有的是要求披露的，有的不要求披露，具体如表 9–5 所示。

表 9–5　申请挂牌过程中涉及的文件

文件类型	具体文件
要求披露的文件	**第一章　公开转让说明书及推荐报告** 1–1 公开转让说明书（申报稿） 1–2 财务报表及审计报告 1–3 法律意见书 1–4 公司章程 1–5 主办券商推荐报告 1–6 定向发行说明书（如有） 1–7 设置表决权差异安排的股东大会决议（如有）
不要求披露的文件	**第二章　申请挂牌公司相关文件** 2–1 向全国股转公司提交的申请股票在全国股转系统挂牌及股票发行（如有）的报告 2–2 向中国证监会提交的申请股票挂牌公开转让（或 / 并）股票发行的报告（如有） 2–3 有关股票在全国股转系统挂牌及股票发行（如有）的董事会决议 2–4 有关股票在全国股转系统挂牌及股票发行（如有）的股东大会决议 2–5 企业法人营业执照 2–6 股东名册及股东身份证明文件 2–7 董事、监事、高级管理人员名单及持股情况 2–8 申请挂牌公司设立时和最近两年及一期的资产评估报告

（续表）

文件类型	具体文件
不要求披露的文件	2-9 申请挂牌公司最近两年原始财务报表与申报财务报表存在差异时，需要提供差异比较表（如有） 2-10 申请挂牌公司全体董事、监事和高级管理人员签署的《董事（监事、高级管理人员）声明及承诺书》 2-11 申请挂牌公司关于授权全国股转公司代为向中国证监会报送股票挂牌公开转让（或/并）定向发行申请文件等有关事宜的委托书（如有） **第三章　主办券商相关文件** 3-1 主办券商与申请挂牌公司签订的推荐挂牌并持续督导协议 3-2 尽职调查报告 3-3 尽职调查工作文件 3-3-1 尽职调查工作底稿目录、相关工作记录和经归纳整理后的尽职调查工作表 3-3-2 有关税收优惠、财政补贴的依据性文件 3-3-3 历次验资报告 3-3-4 对持续经营有重大影响的业务合同 3-4 内核意见 3-4-1 内核机构成员审核工作底稿 3-4-2 内核会议记录 3-4-3 对内核会议反馈意见的回复 3-4-4 内核机构对内核会议落实情况的补充审核意见 3-5 主办券商推荐挂牌内部核查表及主办券商对申请挂牌公司风险评估表 3-6 主办券商自律说明书 3-7 主办券商业务备案函复印件（加盖机构公章并说明用途）及项目组成员任职资格说明文件
不要求披露的文件	**第四章　其他相关文件** 4-1 申请挂牌公司全体董事、主办券商及相关中介机构对申请文件真实性、准确性和完整性的承诺书 4-2 相关中介机构对纳入公开转让说明书等文件中由其出具的专业报告或意见无异议的函 4-3 申请挂牌公司、主办券商对电子文件与预留文件保持一致的声明，以及律师关于电子文件与预留文件一致的鉴证意见 4-4 律师、注册会计师及所在机构的相关执业证书复印件（加盖机构公章并说明用途） 4-5 国有资产管理部门出具的国有股权设置批复文件及商务主管部门出具的外资股确认文件（如有） 4-6 证券简称及证券代码申请书 4-7 前次申报有关情况的专项说明（如有） 4-8 不予披露相关信息的原因说明或其他文件（如有）

第十章 法律及财税问题的处理与规避

北交所成立的目的，就是为中小企业提供良好的金融服务，使中小企业拥有进入资本市场的入场券，有效解决中小企业因各种原因导致难以进行融资、融资成本高的问题。另一方面，北交所还在一定程度上完善了我国的资本市场，填补了我国资本市场没有覆盖到优质小微企业的空缺，充分体现了国家支持“专精特新”企业的决心，在一定程度上提高了投资者对资本市场的信心，有效助力高科技创新型企业的发展。而企业要在北交所上市，需要对一些不可忽视的法律及财税问题进行学习，以此做好处理与规避。

一、行业要求

北交所对行业的相关要求目前还在参照《北京证券交易所向不特定合格投资者公开发行股票并上市业务规则适用指引第 1 号》（以下简称《北交所规则适用指引 1 号》）中的内容。

“发行人应当结合行业特点、经营特点、产品用途、业务模式、市场竞争力、技术创新或模式创新、研发投入与科技成果转化等情况，在招股说明书中充分披露发行人自身的创新特征。保荐机构应当对发行人的创新发展能力进行充分核查，在发行保荐书中说明核查过程、依据和结论意见。”

“发行人属于金融业、房地产业企业的，不支持其申报在本所发行上市。

发行人生产经营应当符合国家产业政策。发行人不得属于产能过剩行业（产能过剩行业的认定以国务院主管部门的规定为准）、《产业结构调整指导目录》中规定的淘汰类行业，以及从事学前教育、学科类培训等业务的企业。”

根据上述内容，我们对这些行业进行详细的列示。

1. 发行人不得属于产能过剩行业

综合来说，落后产能行业为炼铁、炼钢、焦炭、铁合金、电石、电解铝、铜冶炼、铅冶炼、水泥（熟料及磨机）、平板玻璃、造纸、制革、印染、铅蓄电池（极板及组装）、电力、煤炭，如表 10–1 所示。

表 10–1　产能过剩行业相关规定

相关规定	重点内容
《国务院关于进一步加强淘汰落后产能工作的通知》（国发〔2010〕7 号）	以电力、煤炭、钢铁、水泥、有色金属、焦炭、造纸、制革、印染等行业为重点，按照《国务院关于发布实施〈促进产业结构调整暂行规定〉的决定》（国发〔2005〕40 号）、《国务院关于印发节能减排综合性工作方案的通知》（国发〔2007〕15 号）、《国务院批转发展改革委等部门关于抑制部分行业产能过剩和重复建设引导产业健康发展若干意见的通知》（国发〔2009〕38 号）、《产业结构调整指导目录》以及国务院制订的钢铁、有色金属、轻工、纺织等产业调整和振兴规划等文件规定的淘汰落后产能的范围和要求，按期淘汰落后产能
《关于印发〈淘汰落后产能工作考核实施方案〉的通知》（工信部联产业〔2011〕46 号）	4 月底前，各省级人民政府将工业和信息化部、能源局下达的目标任务分解到市、县，落实到企业，并在省级人民政府门户网站以及当地主流媒体向社会公告相关企业名单，同时报工业和信息化部、能源局
《工业和信息化部办公厅关于做好淘汰落后和过剩产能相关工作的通知》（工信厅产业函〔2015〕900 号）	炼铁、炼钢、焦炭、铁合金、电石、电解铝、铜冶炼、铅冶炼、水泥、平板玻璃、造纸、制革、印染、铅蓄电池
《2015 年各地区淘汰落后和过剩产能目标任务完成情况》（工业和信息化部、国家能源局公告 2016 年第 50 号）	炼铁、炼钢、焦炭、铁合金、电石、电解铝、铜冶炼、铅冶炼、水泥（熟料及磨机）、平板玻璃、造纸、制革、印染、铅蓄电池（极板及组装）、电力、煤炭

（续表）

相关规定	重点内容
《关于做好 2018 年重点领域化解过剩产能工作的通知》（发改运行〔2018〕554 号）	钢铁、煤炭、煤电化解过剩产能
《关于做好 2019 年重点领域化解过剩产能工作的通知》（发改运行〔2019〕785 号）	同上
《关于做好 2020 年重点领域化解过剩产能工作的通知》（发改运行〔2020〕901 号）	同上

2.《产业结构调整指导目录》中规定的淘汰类行业

《产业结构调整指导目录（2019 年本）》分成鼓励类项目、限制类项目和淘汰类项目三大板块，而这三大板块都不支持在北交所上市。

二、同业竞争

同业竞争是北交所审核企业能否上市的重要内容之一，与企业的独立性和持续经营能力息息相关。接下来我们将从《北交所规则适用指引 1 号》中有关同业竞争的指引要求来了解一下北交所是如何对同业竞争内容进行审核的。

《北京证券交易所向不特定合格投资者公开发行股票并上市业务规则适用指引第 1 号》
发行人与控股股东、实际控制人及其控制的其他企业间如存在同业竞争情形，认定同业竞争是否对发行人构成重大不利影响时，保荐机构及发行人律师应结合竞争方与发行人的经营地域、产品或服务的定位，同业竞争是否会导致发行人与竞争方之间的非公平竞争、是否会导致发行人与竞争方之间存在利益输送、是否会导致发行人与竞争方之间相互或者单方让渡商业机会情形，对未来发展的潜在影响等方面，核查并出具明确意见。 发行人应在招股说明书中，披露保荐机构及发行人律师针对同业竞争是否对发行人构成重大不利影响的核查意见和认定依据。

与科创板、创业板的审核内容相比，北交所没有提及“竞争方的同类收

入或毛利占发行人主营业务收入或毛利的比例达 30% 以上的，如无充分相反证据，原则上应认定为构成重大不利影响”。但是从总体角度来说，北交所与科创板、创业板对同业竞争认定的方向是一致的。

三、关联交易

《北京证券交易所向不特定合格投资者公开发行股票并上市业务规则适用指引第 1 号》（以下简称《北交所规则适用指引 1 号》）对企业的关联交易作出指示，如表 10–2 所示。

表 10–2　北交所对企业的关联交易作出指示要点总结

序号	项目	内　　容
1	核查方式	保荐机构、申报会计师及发行人律师在核查发行人与其客户、供应商之间是否存在关联方关系时，不应仅限于查阅书面资料，应采取实地走访，核对工商、税务、银行等部门提供的资料，甄别客户和供应商的实际控制人及关键经办人员与发行人是否存在关联方关系
2	关联交易的合理性和必要性	（1）核查并列表披露关联交易的基本情况，包括但不限于交易主体、交易内容、交易类别、涉及金额、发生时间、发生原因、履行内部决策程序及信息披露义务的时间等 特别注意：若关联交易涉及资金拆借的，需披露报告期各期资金拆入和资金拆出的金额、背景、原因及合理性，资金实际用途，是否存在资金被主要股东实际使用的情况，相关资金使用是否存在或涉及体外循环、代垫费用或其他利益输送的情形，相关利息的计提比例、依据及是否公允。并结合报告期内发行人现金流情况，说明是否存在对关联方借款的重大依赖，向关联方拆出的款项是否构成资金占用 （2）结合关联交易的背景以及相关交易与发行人主营业务之间的关系，说明关联交易的必要性与合理性，各类关联交易未来是否仍将持续发生，上述关联交易的定价方式、价格的确定依据，定价公允性，是否存在利益输送

（续表）

序号	项目	内　　容
3	关联交易相关内控制度是否健全有效	（1）结合关联交易的背景以及相关交易与发行人主营业务之间的关系，明确披露各类关联交易未来是否仍将持续发生、关联交易是否均已履行相关决策程序，关联交易相关内部控制制度是否健全、有效 （2）结合上述事项，根据公司章程、公司治理相关制度，及三会会议记录、纪要，说明公司组织机构是否健全、清晰，其设置是否体现分工明确、相互制约的治理原则；公司三会是否正常发挥作用，三会和高管人员的职责及制衡机制是否有效运作，公司建立的决策程序和议事规则、内部监督和反馈系统是否健全、有效 （3）结合上述事项，说明公司是否建立健全且运行良好的组织机构，建立现代企业制度，对中小投资者的合法利益是否提供了充分的制度保护，相关制度安排对中小投资者的决策参与权及知情权是否能提供充分保障
4	关联交易是否履行内部决策程序及信息披露义务	（1）核查并说明关联交易是否均已履行了必要、规范的决策程序 （2）若关联交易全部或部分未在发生前履行公司内部审议程序的，需说明未在事前履行内部审议程序的原因，相关内部控制措施是否健全、有效

关联交易简单理解就是有可能导致企业利益转移的交易，是北交所审核企业能否上市的重要内容之一，与企业的独立性和持续经营能力息息相关。

1. 关联交易的关注重点

根据《北交所规则适用指引 1 号》规定，审核关联交易应重点关注 5 个方面，如图 10–1 所示。

2. 关联交易的披露要求

根据《北交所规则适用指引 1 号》的内容，保荐机构等相关方在披露关联交易时，需要注重以下内容的披露，如图 10–2 所示。

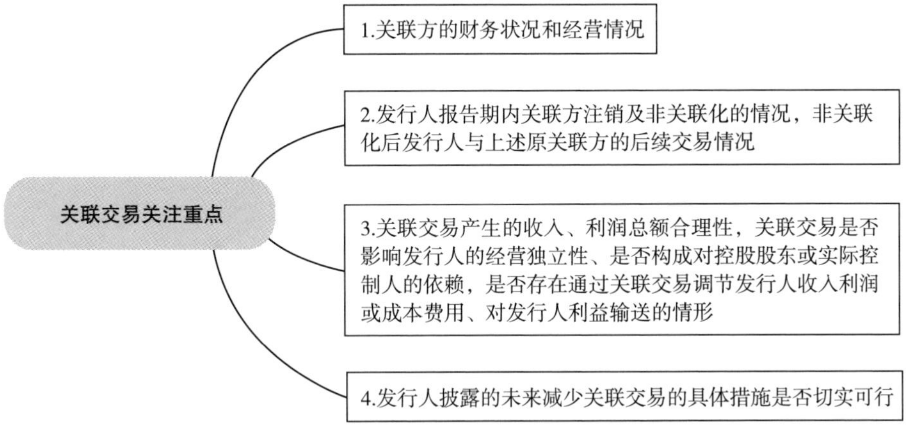

图 10-1　审核关联交易应重点关注 5 个方面

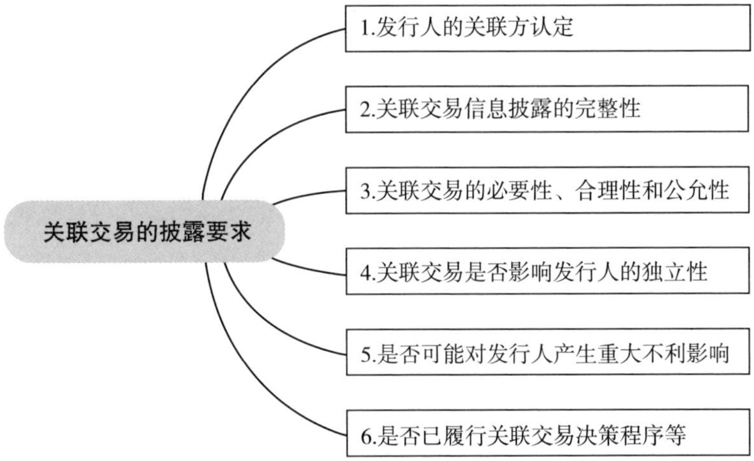

图 10-2　保荐机构等相关方在披露关联交易时需要注重的内容披露

接下来我们以齐鲁华信（830832）为例，对关联交易进行进一步了解。

反馈问题：《问询函》之问题 8 关联交易的必要性与合理性
根据公开发行说明书，报告期内，公司向关联方李晨旭及其控制的单位采购维修服务，报告期内采购金额合计 1472.10 万元。 请发行人：（1）补充披露上述维修服务的具体内容、明细，包括但不限于报告期各期维修费用类型、涉及数量、维修金额及占比情况。（2）结合关联交易的背景以及相关交易与发

行人主营业务之间的关系，说明关联交易的必要性与合理性，各类关联交易未来是否仍将持续发生，上述关联交易的定价方式、价格的确定依据，定价公允性，是否存在利益输送。（3）补充说明关联交易是否均已履行了必要、规范的决策程序，发行人对关联交易的相关内部控制制度是否健全，内部控制是否有效。

齐鲁华信回复：

一、……

二、结合关联交易的背景以及相关交易与发行人主营业务之间的关系，说明关联交易的必要性与合理性，各类关联交易未来是否仍将持续发生，上述关联交易的定价方式、价格的确定依据，定价公允性，是否存在利益输送。

公司自改制设立以来，将维修、安装等辅助业务交由外部单位完成，其中包括李晨旭所控制的单位。2017—2019 年，公司与李晨旭及其控制的单位关联交易金额逐年增长，主要系公司自身业务发展良好，资产规模逐年增长，生产装置、公共设施和辅助设施等安装、检修、更新需求增长所致。发行人与李晨旭及其控制的单位发生的各项交易，均遵循平等互利、公平合理的原则，发行人同类交易均实行统一价格标准，建筑安装工程定价采用《山东省建筑、安装工程消耗量定额淄博市价目表》，修缮工程执行《山东省房屋修缮工程预算定额淄博市价目表》，主材价格参照《淄博工程造价指南》。根据对发行人同类业务价格的核查：2017 年，关联方周村晨旭铆焊施工队与非关联方周村杜强工程施工队均为发行人进行浆液罐制作，两个施工队的浆液罐施工费定价为 54,000 元 / 台；2018 年，关联方周村晨旭铆焊施工队与非关联方周村兴达铆焊安装维修队为发行人进行炉膛钢壳制作，结算金额均为 142,400 元；2019 年，关联方周村锦盛建筑工程施工队与非关联方周村杜强工程施工队为发行人进行管线安装，两者收费均采用《山东省安装工程消耗量定额淄博市价目表》，价格标准统一。综上，发行人自成立之初便将设备维修安装等辅助类工作交由外部专业单位负责，相关业务一直延续至今，李晨旭及其控制的单位与发行人发生的关联交易报告期各期占同类交易额比例较低，定价参照官方价格指引，关联交易价格公允，不存在利益输送。

三、补充说明关联交易是否均已履行了必要、规范的决策程序，发行人对关联交易的相关内部控制制度是否健全，内部控制是否有效。

发行人已在其《公司章程》《股东大会议事规则》《董事会议事规则》《关联交易管理制度》等内部规章制度中对关联方和关联交易的认定、关联交易的回避制度、关联交易的决策制度和程序等作出明确具体的规定，明确了关联交易公允决策的程序。

2017 年 3 月 24 日，公司召开第二届董事会第十二次会议，审议通过《关于关联方明曰信、孙星芬为公司金融机构贷款融资提供担保的议案》，该关联交易为日常性关联交易，预计明曰信及其配偶孙星芬为公司（含控股子公司）2017 年度向金融机构贷款提供无偿担保的总额不超过人民币 10,000.00 万元。2017 年 4 月 20 日，公司召开 2016 年年度股东大会，审议通过了上述议案。2017 年度，明曰信及其配偶孙星芬为公司（含控股子公司）向金融机构贷款提供无偿担保的实际发生金额为 9,390.00 万元，未超出预计金额。

四、税收优惠

关于税收优惠的内容，《北交所规则适用指引第 1 号》作出以下规定。

《北京证券交易所向不特定合格投资者公开发行股票并上市业务规则适用指引第 1 号》
对于税收优惠，发行人应遵循如下原则进行处理：1. 如果很可能获得相关税收优惠批复，按优惠税率预提预缴经税务部门同意，可暂按优惠税率预提并做风险提示，并说明如果未来被追缴税款的处理安排；同时，发行人应在招股说明书中披露税收优惠不确定性风险。2. 如果获得相关税收优惠批复的可能性较小，需按照谨慎性原则按正常税率预提，未来根据实际的税收优惠批复情况进行相应调整。3. 发行人依法取得的税收优惠，在《公开发行证券的公司信息披露解释性公告第 1 号——非经常性损益》规定项目之外的，可以计入经常性损益。 保荐机构、发行人律师及申报会计师应对照税收优惠的相关条件和履行程序的相关规定，对发行人税收优惠相关事项的处理及披露是否合规，发行人对税收优惠是否存在较大依赖，税收优惠政策到期后是否能够继续享受优惠进行专业判断并发表明确意见。

再结合一些其他的相关政策，我们能够得知以下内容。

1. 性质：上市公司

从性质上来讲，北交所与上交所、深交所都是国务院批准设立的证券交易所，所以在北交所进行交易的公司都属于上市公司，而在新三板交易的公司属于挂牌公司。上市公司的税收政策与挂牌公司的税收政策是有一定差异的。

2. 范围：精选层、创新层

北交所成立后，原新三板精选层挂牌的公司全部平移至北交所进行上市，上市后，这些公司的身份就由挂牌公司变成上市公司。在创新层挂牌满一年后申请在北交所进行上市的公司，身份同样由挂牌公司变为上市公司。身份发生了转变，交易性质也会发生转变，挂牌公司的交易性质为股权交易，而上市公司的交易性质为股票交易。

3. 个人所得税暂按新三板政策

（1）股息红利所得。北交所上市公司股票的个人投资者，如果持股期不满 1 个月，那么其获得的股息红利将会全部纳入应纳税所得额中；如果持股期满 1 个月但不满 1 年，那么其获得的股息红利将会按 50% 纳入应纳税所得额中；如果持股期满 1 年，那么其获得的股息红利将不会征收个人所得税。

（2）股票转让所得。从 2018 年 11 月 1 日新政策正式实施开始，如个人投资者认购的是新三板挂牌公司原始股，进行股票转让的行为就属于“财产转让”，需要按照“财产转让所得”的 20% 缴纳个人所得税；如个人投资者认购的是新三板挂牌公司非原始股，则不需要缴纳个人所得税。

另外，我们也可以用上交所、深交所的个税做个参考，如表 10–3 所示。

表 10–3 新三板对比上交所、深交所个税

政策	上交所、深交所	新三板
限售股	对个人持有的上市公司限售股，解禁前取得的股息红利暂减按 50% 计入应纳税所得额，适用 20% 的税率计征个人所得税	未规定
解禁	限售股在解禁日后孳生的送、转股，不属于限售股，个人转让时免征个人所得税	原始股在挂牌后孳生的送、转股，也属于原始股，个人转让时需要计算缴纳个人所得税

4. 印花税暂按新三板政策

在我国的五大板块中，证券交易印花税实行的都是同一套规定，印花税征收金额为实际成交金额的千分之一。

5. 企业所得税

在企业所得税方面，所有板块的上市公司执行同一套规定，按企业所得税法及相关实施条例执行，没有特殊规定。

6. 增值税

在北交所进行上市的公司，当公司股票发生转让时，性质上属于金融商品转让，需要征收增值税，税率为增值部分的 6%。在新三板进行挂牌的公司，当公司的股权发生转让时，是否需要进行增值税的缴纳，目前仍未有具体的规定。

五、信息披露豁免

根据《北交所规则适用指引 1 号》的内容显示："发行人有充分依据证明拟披露的某些信息涉及国家秘密、商业秘密的，发行人及其保荐机构、证券服务机构应当在提交发行上市申请文件或问询回复时，一并提交关于信息披露豁免的申请文件。"同时要求，企业在豁免申请时需要对以下内容进行详细说明，如图 10–3 所示。

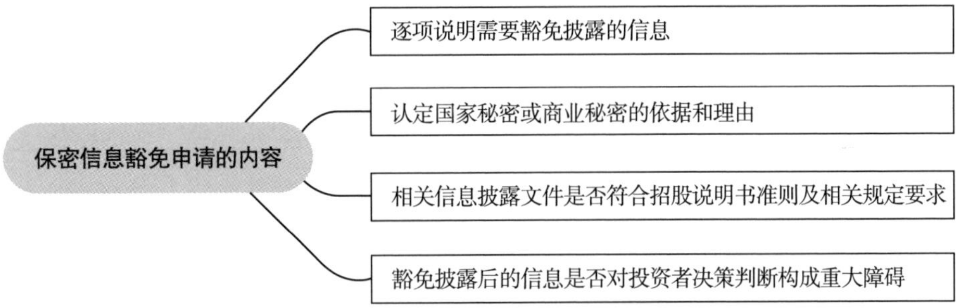

图 10–3　企业在豁免申请时需要详细说明的内容

另外，《北交所规则适用指引 1 号》中还对信息披露豁免申请作出了详细的要求，如表 10–4 所示。

表 10–4　信息披露豁免申请的要求

项目	内　　容
涉及国家秘密的要求	（一）按规定提供国家主管部门关于发行人申请豁免披露的信息为涉密信息的认定文件 （二）提供发行人全体董事、监事、高级管理人员出具的关于公开发行股票并上市的申请文件不存在泄密事项且能够持续履行保密义务的声明 （三）提供发行人控股股东、实际控制人对其已履行和能够持续履行相关保密义务出具的承诺文件 （四）在豁免申请中说明相关信息披露文件是否符合《军工企业对外融资特殊财务信息披露管理暂行办法》及有关保密规定 （五）说明内部保密制度的制定和执行情况，是否符合《保密法》等法律法规的规定，是否存在因违反保密规定受到处罚的情形 （六）说明中介机构是否符合《军工涉密业务咨询服务安全保密监督管理办法》及其他相关规定对中介机构军工涉密业务咨询服务的安全保密要求

（续表）

项目	内　　容
涉及国家秘密的要求	（七）对审核中提出的信息豁免披露或调整意见，发行人应相应回复、补充相关文件的内容，有实质性增减的，应当说明调整后的内容是否符合相关规定、是否存在泄密风险
涉及商业秘密的要求	（一）发行人应当建立相应的内部管理制度，并明确相关内部审核程序，审慎认定豁免披露事项 （二）发行人的董事长应当在豁免申请中签字确认 （三）豁免披露的信息应当尚未泄漏
中介机构核查要求	保荐机构及发行人律师应当对发行人信息豁免披露符合相关规定、不影响投资者决策判断、不存在泄密风险出具专项核查报告。申报会计师应当对发行人审计范围是否受到限制、审计证据的充分性、豁免披露相关信息是否影响投资者决策判断出具核查报告

接下来，我们以富吉瑞的案例来对信息披露豁免进行进一步了解。

反馈问题：关于军工企业信息披露豁免
根据招股说明书重大事项提示，公司已获得国防科工局《关于北京富吉瑞光电科技股份有限公司在科创板上市特殊财务信息豁免披露有关事项的批复》（科工财审〔2020〕1169 号）。 上述部分信息豁免披露或脱密披露可能存在影响投资者对公司价值的正确判断、造成投资决策失误的风险。 请保荐机构和发行人律师重新出具核查意见。 富吉瑞回复： 一、发行人说明 （一）请发行人全面核查招股说明书和相关申报文件信息披露豁免申请的相关内容，说明信息披露豁免是否可能影响投资者决策判断。 …… （二）是否符合《科创板发行上市审核问答》第 16 问相关要求。 发行人在申请豁免信息披露时理由要合理且充分。在审核时，主要围绕信息豁免是否取得相关认定、是否符合相关法律法规及履行的程序以及是否符合相关审核问答的要求等方面进行问询。但不管怎样，发行人都要牢牢把握“不影响投资者决策判断”这一大原则。

附录A 北京证券交易所上市公司证券发行注册管理办法

第一章 总则

第一条 为了规范北京证券交易所上市公司（以下简称上市公司）证券发行行为，保护投资者合法权益和社会公共利益，根据《中华人民共和国证券法》（以下简称《证券法》）、《中华人民共和国公司法》《国务院办公厅关于贯彻实施修订后的证券法有关工作的通知》及相关法律法规，制定本办法。

第二条 上市公司申请在境内发行股票、可转换为股票的公司债券及国务院认定的其他证券品种，适用本办法。

第三条 上市公司发行证券，可以向不特定合格投资者公开发行，也可以向特定对象发行。

第四条 上市公司发行证券的，应当符合《证券法》和本办法规定的发行条件和相关信息披露要求，依法经北京证券交易所（以下简称北交所）发行上市审核，并报中国证券监督管理委员会（以下简称中国证监会）注册，但因依法实行股权激励、公积金转为增加公司资本、分配股票股利的除外。

第五条 上市公司应当诚实守信，依法充分披露投资者作出价值判断和投资决策所必需的信息，充分揭示当前及未来可预见对上市公司构成重大不利影响的直接和间接风险，所披露信息必须真实、准确、完整，简明清晰、通俗易懂，不得有虚假记载、误导性陈述或者重大遗漏。

上市公司应当按照保荐人、证券服务机构要求，依法向其提供真实、准确、完整的财务会计资料和其他资料，配合相关机构开展尽职调查和其他相关工作。

上市公司的控股股东、实际控制人、董事、监事、高级管理人员、有关股东应当配合相关机构开展尽职调查和其他相关工作，不得要求或者协助上市公司隐瞒应当提供的资料或者应当披露的信息。

第六条 保荐人应当诚实守信，勤勉尽责，按照依法制定的业务规则和行业自律规范的要求，充分了解上市公司经营情况、风险和发展前景，以提高上市公司质量为导向保荐项目，对注册申请文件和信息披露资料进行审慎核查，对上市公司是否符合发行条件独立作出专业判断，审慎作出保荐决定，并对募集说明书、发行情况报告书或者其他信息披露文件及其所出具的相关文件的真实性、准确性、完整性负责。

第七条 证券服务机构应当严格遵守法律法规、中国证监会制定的监管规则、业务规则和本行业公认的业务标准和道德规范，建立并保持有效的质量控制体系，保护投资者合法权益，审慎履行职责，作出专业判断与认定，保证所出具文件的真实性、准确性、完整性。

证券服务机构及其相关执业人员应当对与本专业相关的业务事项履行特别注意义务，对其他业务事项履行普通注意义务，并承担相应法律责任。

证券服务机构及其执业人员从事证券服务应当配合中国证监会的监督管理，在规定的期限内提供、报送或披露相关资料、信息，并保证其提供、报送或披露的资料、信息真实、准确、完整，不得有虚假记载、误导性陈述或者重大遗漏。

证券服务机构应当妥善保存客户委托文件、核查和验证资料、工作底稿以及与质量控制、内部管理、业务经营有关的信息和资料。

第八条 对上市公司发行证券申请予以注册，不表明中国证监会和北交所对该证券的投资价值或者投资者的收益作出实质性判断或者保证，也不表明中国证监会和北交所对申请文件的真实性、准确性、完整性作出保证。

第二章　发行条件

第九条　上市公司向特定对象发行股票，应当符合下列规定：

（一）具备健全且运行良好的组织机构；

（二）具有独立、稳定经营能力，不存在对持续经营有重大不利影响的情形；

（三）最近一年财务会计报告无虚假记载，未被出具否定意见或无法表示意见的审计报告；最近一年财务会计报告被出具保留意见的审计报告，保留意见所涉及事项对上市公司的重大不利影响已经消除。本次发行涉及重大资产重组的除外；

（四）合法规范经营，依法履行信息披露义务。

第十条　上市公司存在下列情形之一的，不得向特定对象发行股票：

（一）上市公司或其控股股东、实际控制人最近三年内存在贪污、贿赂、侵占财产、挪用财产或者破坏社会主义市场经济秩序的刑事犯罪，存在欺诈发行、重大信息披露违法或者其他涉及国家安全、公共安全、生态安全、生产安全、公众健康安全等领域的重大违法行为；

（二）上市公司或其控股股东、实际控制人，现任董事、监事、高级管理人员最近一年内受到中国证监会行政处罚、北交所公开谴责；或因涉嫌犯罪正被司法机关立案侦查或者涉嫌违法违规正被中国证监会立案调查，尚未有明确结论意见；

（三）擅自改变募集资金用途，未作纠正或者未经股东大会认可；

（四）上市公司或其控股股东、实际控制人被列入失信被执行人名单且情形尚未消除；

（五）上市公司利益严重受损的其他情形。

第十一条　上市公司向不特定合格投资者公开发行股票的，除应当符合本办法第九条、第十条规定的条件外，还应当符合《北京证券交易所向不特定合格投资者公开发行股票注册管理办法》规定的其他条件。

第十二条 上市公司发行可转换为股票的公司债券，应当符合下列规定：

（一）具备健全且运行良好的组织机构；

（二）最近三年平均可分配利润足以支付公司债券一年的利息；

（三）具有合理的资产负债结构和正常的现金流量。

除前款规定条件外，上市公司向特定对象发行可转换为股票的公司债券，还应当遵守本办法第九条、第十条的规定；向不特定合格投资者公开发行可转换为股票的公司债券，还应当遵守本办法第十一条的规定。但上市公司通过收购本公司股份的方式进行公司债券转换的除外。

第十三条 上市公司存在下列情形之一的，不得发行可转换为股票的公司债券：

（一）对已公开发行的公司债券或者其他债务有违约或者延迟支付本息的事实，仍处于继续状态；

（二）违反《证券法》规定，改变公开发行公司债券所募资金用途。

第十四条 上市公司及其控股股东、实际控制人、主要股东不得向发行对象作出保底保收益或者变相保底保收益承诺，也不得直接或者通过利益相关方向发行对象提供财务资助或者其他补偿。

第十五条 上市公司应当将募集资金主要投向主业。上市公司最近一期末存在持有金额较大的财务性投资的，保荐人应当对上市公司本次募集资金的必要性和合理性审慎发表核查意见。

第三章 发行程序

第一节 上市公司审议

第十六条 董事会应当依法就本次发行证券的具体方案、本次募集资金使用的可行性及其他必须明确的事项作出决议，并提请股东大会批准。

独立董事应当就证券发行事项的必要性、合理性、可行性、公平性发表专项意见。

第十七条　监事会应当对董事会编制的募集说明书等证券发行文件进行审核并提出书面审核意见。

第十八条　股东大会就本次发行证券作出决议，决议应当包括下列事项：

（一）本次发行证券的种类和数量（数量上限）；

（二）发行方式、发行对象或范围、现有股东的优先认购安排（如有）；

（三）定价方式或发行价格（区间）；

（四）限售情况（如有）；

（五）募集资金用途；

（六）决议的有效期；

（七）对董事会办理本次发行具体事宜的授权；

（八）发行前滚存利润的分配方案；

（九）其他必须明确的事项。

第十九条　股东大会就发行可转换为股票的公司债券作出决议，除应当符合本办法第十八条的规定外，还应当就债券利率、债券期限、赎回条款、回售条款、还本付息的期限和方式、转股期、转股价格的确定和修正等事项作出决议。

第二十条　股东大会就发行证券事项作出决议，必须经出席会议的股东所持表决权的三分之二以上通过。上市公司应当对出席会议的持股比例在百分之五以下的中小股东表决情况单独计票并予以披露。

上市公司就发行证券事项召开股东大会，应当提供网络投票的方式，上市公司还可以通过其他方式为股东参加股东大会提供便利。

第二十一条　董事会、股东大会就向特定对象发行证券事项作出决议，应当按要求履行表决权回避制度，上市公司向原股东配售股份的除外。

第二十二条　上市公司拟引入战略投资者的，董事会、股东大会应当将引入战略投资者的事项作为单独议案，就每名战略投资者单独审议。

第二十三条　根据公司章程的规定，上市公司年度股东大会可以授权董事会向特定对象发行累计融资额低于一亿元且低于公司最近一年末净资产百分之二十的股票，该项授权的有效期不得超过上市公司下一年度股东大会召开日。

第二节　审核与注册

第二十四条　上市公司申请发行证券，应当按照中国证监会有关规定制作注册申请文件，依法由保荐人保荐并向北交所申报。北交所收到注册申请文件后，应当在五个工作日内作出是否受理的决定，本办法另有规定的除外。

第二十五条　自注册申请文件申报之日起，上市公司及其控股股东、实际控制人、董事、监事、高级管理人员，以及与本次证券发行相关的保荐人、证券服务机构及相关责任人员，即承担相应法律责任，并承诺不得影响或干扰发行上市审核注册工作。

第二十六条　注册申请文件受理后，未经中国证监会或者北交所同意，不得改动。

发生重大事项的，上市公司、保荐人、证券服务机构应当及时向北交所报告，并按要求更新注册申请文件和信息披露资料。

第二十七条　上市公司发行证券，不属于本办法第二十八条规定情形的，保荐人应当指定保荐代表人负责具体保荐工作。

保荐人及保荐代表人应当按照本办法及《证券发行上市保荐业务管理办法》以及北交所相关保荐业务规则的规定履行职责，并依法承担相应的责任。

第二十八条　上市公司向前十名股东、实际控制人、董事、监事、高级管理人员及核心员工发行股票，连续十二个月内发行的股份未超过公司总股本百分之十且融资总额不超过二千万元的，无需提供保荐人出具的保荐文件以及律师事务所出具的法律意见书。

按照前款规定发行股票的，董事会决议中应当明确发行对象、发行价格和发行数量，且不得存在以下情形：

（一）上市公司采用本办法第二十三条规定的方式发行；

（二）认购人以非现金资产认购；

（三）发行股票导致上市公司控制权发生变动；

（四）本次发行中存在特殊投资条款安排；

（五）上市公司或其控股股东、实际控制人，现任董事、监事、高级管理人员最近一年内被中国证监会给予行政处罚或采取监管措施、被北交所采取纪律处分。

第二十九条　北交所审核部门负责审核上市公司证券发行申请；北交所上市委员会负责对上市公司向不特定合格投资者公开发行证券的申请文件和审核部门出具的审核报告提出审议意见。

北交所应当根据本办法制定上市公司证券发行审核业务规则，并报中国证监会批准。

第三十条　北交所主要通过向上市公司提出审核问询、上市公司回答问题方式开展审核工作，判断上市公司是否符合发行条件和信息披露要求。

第三十一条　北交所按照规定的条件和程序，形成上市公司是否符合发行条件和信息披露要求的审核意见。认为上市公司符合发行条件和信息披露要求的，将审核意见、上市公司注册申请文件及相关审核资料报送中国证监会注册；认为上市公司不符合发行条件或者信息披露要求的，作出终止发行上市审核决定。

北交所审核过程中，发现重大敏感事项、重大无先例情况、重大舆情、重大违法线索的，应当及时向中国证监会请示报告，中国证监会及时提出明确意见。

第三十二条　北交所应当自受理注册申请文件之日起二个月内形成审核意见。

上市公司采用本办法第二十三条规定的方式向特定对象发行股票且按照竞价方式确定发行价格和发行对象的，北交所应当在二个工作日内作出是否受理的决定，并自受理注册申请文件之日起三个工作日内形成审核意见。

通过对上市公司实施现场检查、对保荐人实施现场督导、要求保荐人或证券服务机构对有关事项进行专项核查等方式要求上市公司补充、修改申请文件的时间不计算在内。

第三十三条 中国证监会在北交所收到注册申请文件之日起，同步关注本次发行是否符合国家产业政策和北交所定位。

中国证监会收到北交所报送的审核意见、上市公司注册申请文件及相关审核资料后，基于北交所审核意见，依法履行发行注册程序。中国证监会发现存在影响发行条件的新增事项的，可以要求北交所进一步问询并就新增事项形成审核意见。

中国证监会认为北交所对新增事项的审核意见依据明显不充分的，可以退回北交所补充审核。北交所补充审核后，认为上市公司符合发行条件和信息披露要求的，重新向中国证监会报送审核意见及相关资料，本办法第三十四条规定的注册期限重新计算。

第三十四条 中国证监会在十五个工作日内对上市公司的注册申请作出同意注册或不予注册的决定。通过要求北交所进一步问询、要求保荐人或证券服务机构等对有关事项进行核查、对上市公司现场检查等方式要求上市公司补充、修改申请文件的时间不计算在内。

第三十五条 中国证监会的予以注册决定，自作出之日起一年内有效，上市公司应当在注册决定有效期内发行证券，发行时点由上市公司自主选择。

第三十六条 中国证监会作出予以注册决定后、上市公司证券上市交易前，上市公司应当及时更新信息披露文件；保荐人以及证券服务机构应当持续履行尽职调查职责；发生重大事项的，上市公司、保荐人应当及时向北交所报告。北交所应当对上述事项及时处理，发现上市公司存在重大事项影响发行条件的，应当出具明确意见并及时向中国证监会报告。

中国证监会作出予以注册决定后、上市公司证券上市交易前应当持续符合发行条件，发生可能影响本次发行的重大事项的，中国证监会可以要求上市公司暂缓发行、上市；相关重大事项导致上市公司不符合发行条件的，中国证监会应当撤销注册。中国证监会撤销注册后，证券尚未发行的，上市公司应当停止发行；证券已经发行尚未上市的，上市公司应当按照发行价并加算银行同期存款利息返还证券持有人。

第三十七条　上市公司申请向特定对象发行股票，可申请一次注册，分期发行。自中国证监会予以注册之日起，公司应当在三个月内首期发行，剩余数量应当在十二个月内发行完毕。首期发行数量应当不少于总发行数量的百分之五十，剩余各期发行的数量由公司自行确定，每期发行后五个工作日内将发行情况报北交所备案。

第三十八条　北交所认为上市公司不符合发行条件或者信息披露要求，作出终止发行上市审核决定，或者中国证监会作出不予注册决定的，自决定作出之日起六个月后，上市公司可以再次提出证券发行申请。

第三十九条　上市公司证券发行上市审核或者注册程序的中止、终止等情形参照适用《北京证券交易所向不特定合格投资者公开发行股票注册管理办法》的相关规定。

上市公司证券发行上市审核或注册过程中，存在重大资产重组、实际控制人变更等事项，应当及时申请中止相应发行上市审核程序或者发行注册程序，相关股份登记或资产权属登记后，上市公司可以提交恢复申请，因本次发行导致实际控制人变更的情形除外。

第四十条　中国证监会和北交所可以对上市公司进行现场检查，可以要求保荐人、证券服务机构对有关事项进行专项核查并出具意见。

第三节　定价、发售与认购

第四十一条　上市公司发行证券，应当聘请具有证券承销业务资格的证券公司承销，但上市公司向特定对象发行证券且董事会提前确定全部发行对象的除外。

上市公司向不特定合格投资者公开发行股票的，发行承销的具体要求参照适用《北京证券交易所向不特定合格投资者公开发行股票注册管理办法》的相关规定，本办法另有规定的除外。

上市公司向特定对象发行证券的发行承销行为，适用本章规定。

第四十二条 上市公司向原股东配售股份的，应当采用代销方式发行。

控股股东应当在股东大会召开前公开承诺认配股份的数量。控股股东不履行认配股份的承诺，或者代销期限届满，原股东认购股票的数量未达到拟配售数量百分之七十的，上市公司应当按照发行价并加算银行同期存款利息返还已经认购的股东。

第四十三条 上市公司向不特定合格投资者公开发行股票的，发行价格应当不低于公告招股意向书前二十个交易日或者前一个交易日公司股票均价。

第四十四条 上市公司向特定对象发行股票的，发行价格应当不低于定价基准日前二十个交易日公司股票均价的百分之八十。

向特定对象发行股票的定价基准日为发行期首日。

上市公司董事会决议提前确定全部发行对象，且发行对象属于下列情形之一的，定价基准日可以为关于本次发行股票的董事会决议公告日、股东大会决议公告日或者发行期首日：

（一）上市公司的控股股东、实际控制人或者其控制的关联方；

（二）按照本办法第二十八条规定参与认购的上市公司前十名股东、董事、监事、高级管理人员及核心员工；

（三）通过认购本次发行的股票成为上市公司控股股东或实际控制人的投资者；

（四）董事会拟引入的境内外战略投资者。

上市公司向特定对象发行股票的定价基准日为本次发行股票的董事会决议公告日或者股东大会决议公告日的，向特定对象发行股票的董事会决议公告后，出现下列情况需要重新召开董事会的，应当由董事会重新确定本次发行的定价基准日：

（一）本次发行股票股东大会决议的有效期已过；

（二）本次发行方案发生重大变化；

（三）其他对本次发行定价具有重大影响的事项。

第四十五条　上市公司向特定对象发行股票的，发行对象属于本办法第四十四条第三款规定以外情形的，上市公司应当以竞价方式确定发行价格和发行对象。

上市公司向特定对象发行可转换为股票的公司债券的，上市公司应当采用竞价方式确定利率和发行对象，本次发行涉及发行可转换为股票的公司债券购买资产的除外。

董事会决议确定部分发行对象的，确定的发行对象不得参与竞价，且应当接受竞价结果，并明确在通过竞价方式未能产生发行价格的情况下，是否继续参与认购、价格确定原则及认购数量。

上市公司发行证券采用竞价方式的，上市公司和承销商的控股股东、实际控制人、董事、监事、高级管理人员及其控制或者施加重大影响的关联方不得参与竞价。

第四十六条　上市公司以竞价方式向特定对象发行股票的，在发行期首日前一工作日，上市公司及承销商可以向符合条件的特定对象提供认购邀请书。认购邀请书发送对象至少应当包括：

（一）已经提交认购意向书的投资者；

（二）上市公司前二十名股东；

（三）合计不少于十家证券投资基金管理公司、证券公司或保险机构。

认购邀请书发送后，上市公司及承销商应当在认购邀请书约定的时间内收集特定投资者签署的申购报价表。

在申购报价期间，上市公司及承销商应当确保任何工作人员不泄露发行对象的申购报价情况。

申购报价结束后，上市公司及承销商应当对有效申购按照报价高低进行累计统计，按照价格优先等董事会确定的原则合理确定发行对象、发行价格和发行股数。

第四十七条 上市公司向特定对象发行证券的，发行对象确定后，上市公司应当与发行对象签订认购合同，上市公司向原股东配售股份的除外。

第四十八条 向特定对象发行的股票，自发行结束之日起六个月内不得转让，做市商为取得做市库存股参与发行认购的除外，但做市商应当承诺自发行结束之日起六个月内不得申请退出为上市公司做市。

发行对象属于本办法第四十四条第三款规定情形的，其认购的股票自发行结束之日起十二个月内不得转让。法律法规、部门规章对前述股票的限售期另有规定的，同时还应当遵守相关规定。

第四十九条 上市公司向原股东配售股份的，应当向股权登记日在册的股东配售，且配售比例应当相同。

向原股东配售股份的价格由上市公司和承销商协商确定，豁免适用本节关于向特定对象发行股票定价与限售的相关规定。

第五十条 上市公司在证券发行过程中触及北交所规定的终止上市情形的，应当终止发行。

第四章 信息披露

第五十一条 上市公司应当按照中国证监会制定的信息披露规则，编制并披露募集说明书、发行情况报告书等信息披露文件。

上市公司应当以投资者需求为导向，根据自身特点，有针对性地披露上市公司基本信息、本次发行情况以及本次发行对上市公司的影响。

中国证监会制定的信息披露规则是信息披露的最低要求。不论上述规则是否有明确规定，凡是投资者作出价值判断和投资决策所必需的信息，上市公司均应当充分披露。

第五十二条 中国证监会依法制定募集说明书、发行情况报告书内容与格式准则等信息披露规则，对相关信息披露文件的内容、格式等作出规定。

北交所可以依据中国证监会部门规章和规范性文件，制定信息披露细则或指引，在中国证监会确定的信息披露内容范围内，对信息披露提出细化和补充要求。

第五十三条　上市公司应当结合现有主营业务、生产经营规模、财务状况、技术条件、发展目标、前次发行募集资金使用情况等因素合理确定募集资金规模，充分披露本次募集资金的必要性和合理性。

第五十四条　上市公司应当按照中国证监会和北交所有关规定及时披露董事会决议、股东大会通知、股东大会决议、受理通知、审核决定、注册决定等发行进展公告。

第五十五条　北交所认为上市公司符合发行条件和信息披露要求，将上市公司注册申请文件报送中国证监会时，募集说明书等文件应当同步在北交所网站和中国证监会网站公开。

第五十六条　上市公司应当在发行证券前在符合《证券法》规定的信息披露平台刊登经注册生效的募集说明书，同时将其置备于公司住所、北交所，供社会公众查阅。

第五十七条　向特定对象发行证券的，上市公司应当在发行结束后，按照中国证监会和北交所的有关要求编制并披露发行情况报告书。

申请分期发行的上市公司应在每期发行后，按照中国证监会和北交所的有关要求进行披露，并在全部发行结束或者超过注册文件有效期后按照中国证监会的有关要求编制并披露发行情况报告书。

第五十八条　上市公司可以将募集说明书以及有关附件刊登于其他报刊、网站，但披露内容应当完全一致，且不得早于在符合《证券法》规定的信息披露平台的披露时间。

第五章　监督管理与法律责任

第五十九条　中国证监会建立对发行上市监管全流程的权力运行监督制约机制，对发行上市审核程序和发行注册程序相关内控制度运行情况进行督导督察，对廉政纪律执行情况和相关人员的履职尽责情况进行监督监察。

中国证监会建立对北交所发行上市审核工作和发行承销过程监管的监督机制，可以通过选取或抽取项目同步关注、调阅审核工作文件、提出问题、列席相关审核会议等方式对北交所相关工作进行检查或抽查。对于中国证监会检查监督过程中发现的问题，北交所应当整改。

第六十条 北交所应当建立内部防火墙制度，发行上市审核部门、发行承销监管部门与其他部门隔离运行。参与发行上市审核的人员，不得与上市公司及其控股股东、实际控制人、相关保荐人、证券服务机构有利害关系，不得直接或者间接与上市公司、保荐人、证券服务机构有利益往来，不得持有上市公司股票，不得私下与上市公司接触。

北交所应当发挥自律管理作用，对证券发行相关行为进行监督。发现上市公司及其控股股东、实际控制人、董事、监事、高级管理人员以及保荐人、承销商、证券服务机构及其相关执业人员等违反法律、行政法规和中国证监会相关规定的，应当向中国证监会报告，并采取自律管理措施。

北交所对证券发行承销过程实施自律管理。发现异常情形或者涉嫌违法违规的，中国证监会可以要求北交所对相关事项进行调查处理，或者直接责令上市公司、承销商暂停或中止发行。

北交所应当建立定期报告和重大发行上市事项请示报告制度，及时总结发行上市审核和发行承销监管的工作情况，并报告中国证监会。

第六十一条 中国证券业协会应当发挥自律管理作用，对从事证券发行业务的保荐人进行监督，督促其勤勉尽责地履行尽职调查和督导职责。发现保荐人有违反法律、行政法规和中国证监会相关规定的行为，应当向中国证监会报告，并采取自律管理措施。

中国证券业协会应当建立对承销商询价、定价、配售行为和询价投资者报价行为的自律管理制度，并加强相关行为的监督检查，发现违规情形的，应当及时采取自律管理措施。

第六十二条 北交所发行上市审核工作存在下列情形之一的，由中国证监会责令改正；情节严重的，追究直接责任人员相关责任：

（一）未按审核标准开展发行上市审核工作；

（二）未按审核程序开展发行上市审核工作；

（三）发现重大敏感事项、重大无先例情况、重大舆情、重大违法线索未请示报告或请示报告不及时；

（四）不配合中国证监会对发行上市审核工作和发行承销监管工作的检查监督，或者不按中国证监会的要求进行整改。

第六十三条　上市公司在证券发行文件中隐瞒重要事实或者编造重大虚假内容的，中国证监会可以视情节轻重，对上市公司及相关责任人员依法采取责令改正、监管谈话、出具警示函等监管措施；情节严重的，可以对相关责任人员采取证券市场禁入的措施。

第六十四条　上市公司的控股股东、实际控制人违反本办法规定，致使上市公司报送的注册申请文件和披露的信息存在虚假记载、误导性陈述或者重大遗漏，或者组织、指使上市公司进行财务造假、利润操纵或者在发行证券文件中隐瞒重要事实或编造重大虚假内容的，中国证监会可以视情节轻重，依法采取责令改正、监管谈话、出具警示函等监管措施；情节严重的，可以对相关责任人员采取证券市场禁入的措施。

上市公司的董事、监事和高级管理人员违反本办法规定，致使上市公司报送的注册申请文件和披露的信息存在虚假记载、误导性陈述或者重大遗漏的，中国证监会可以视情节轻重，依法采取责令改正、监管谈话、出具警示函等监管措施，或者采取证券市场禁入的措施。

第六十五条　保荐人、保荐代表人违反本办法规定，未勤勉尽责的，中国证监会可以视情节轻重，按照《证券发行上市保荐业务管理办法》规定采取措施。

证券服务机构未勤勉尽责，致使上市公司信息披露资料中与其职责有关的内容及其所出具的文件存在虚假记载、误导性陈述或者重大遗漏的，中国证监会可以视情节轻重，对证券服务机构及相关责任人员，依法采取责令改正、监管谈话、出具警示函等监管措施；情节严重的，可以对相关责任人员采取证券市场禁入的措施。

第六十六条 上市公司、证券服务机构存在以下情形之一的，中国证监会可以视情节轻重，依法采取责令改正、监管谈话、出具警示函等监管措施；情节严重的，可以对相关责任人员采取证券市场禁入的措施：

（一）制作或者出具的文件不齐备或者不符合要求；

（二）擅自改动注册申请文件、信息披露资料或者其他已提交文件；

（三）注册申请文件或者信息披露资料存在相互矛盾或者同一事实表述不一致且有实质性差异；

（四）文件披露的内容表述不清，逻辑混乱，严重影响投资者理解；

（五）未及时报告或者未及时披露重大事项。

第六十七条 承销商及其直接负责的主管人员和其他责任人员在承销证券过程中，存在违法违规行为的，中国证监会可以视情节轻重，依法采取责令改正、监管谈话、出具警示函等监管措施；情节严重的，可以对相关责任人员采取证券市场禁入的措施。

第六十八条 北交所按照本办法第三十二条第二款开展审核工作的，北交所和中国证监会发现上市公司或者相关中介机构及其责任人员存在相关违法违规行为的，中国证监会按照本章规定从重处罚。

第六十九条 参与认购的投资者擅自转让限售期限未满的证券的，中国证监会可以视情节轻重，依法采取责令改正、监管谈话、出具警示函等监管措施。

第七十条 相关主体违反本办法第十四条规定的，中国证监会可以视情节轻重，依法采取责令改正、监管谈话、出具警示函等监管措施；情节严重的，可以对相关责任人员采取证券市场禁入的措施。

第七十一条 上市公司及其控股股东和实际控制人、董事、监事、高级管理人员，承销商、证券服务机构及其相关执业人员，在证券发行活动中存在其他违反本办法规定行为的，中国证监会可以视情节轻重，依法采取责令改正、监管谈话、出具警示函、责令公开说明、责令定期报告等监管措施；情节严重的，可以对相关责任人员采取证券市场禁入的措施。

上市公司及其控股股东、实际控制人、董事、监事、高级管理人员以及承销商、证券服务机构及其相关执业人员等违反《证券法》依法应当予以行政处罚的，中国证监会将依法予以处罚。涉嫌犯罪的，依法移送司法机关，追究其刑事责任。

第七十二条　中国证监会将遵守本办法的情况记入证券市场诚信档案，会同有关部门加强信息共享，依法实施守信激励与失信惩戒。

第六章　附则

第七十三条　本办法所称战略投资者，是指符合下列情形之一，且与上市公司具有协同效应，愿意长期持有上市公司较大比例股份，愿意且有能力协助上市公司提高公司治理质量，具有良好诚信记录，最近三年未受到中国证监会行政处罚或被追究刑事责任的投资者：

（一）能够为上市公司带来领先的技术资源，增强上市公司的核心竞争力和创新能力，带动上市公司产业技术升级，提升上市公司盈利能力；

（二）能够为上市公司带来市场渠道、品牌等战略性资源，促进上市公司市场拓展，推动实现上市公司销售业绩提升；

（三）具备相关产业投资背景，且自愿设定二十四个月及以上限售期的其他长期投资者。

境外战略投资者应当同时遵守国家的相关规定。

第七十四条　本办法所称的核心员工，应当由上市公司董事会提名，并向全体员工公示和征求意见，由监事会发表明确意见后，经股东大会审议批准。

第七十五条　上市公司向不特定合格投资者公开发行可转换为股票的公司债券的，还应当遵守中国证监会的相关规定。

上市公司发行优先股的，其申请、审核、注册、发行等相关程序，参照本办法相关规定执行。

第七十六条 本办法自公布之日起施行。2021 年 10 月 30 日发布的《北京证券交易所上市公司证券发行注册管理办法（试行）》（证监会令第 188 号）同时废止。